Puja Acharya

Redes modernas: Conceitos, tecnologias e tendências emergentes

Puja Acharya

Redes modernas: Conceitos, tecnologias e tendências emergentes

ScienciaScripts

Imprint

Any brand names and product names mentioned in this book are subject to trademark, brand or patent protection and are trademarks or registered trademarks of their respective holders. The use of brand names, product names, common names, trade names, product descriptions etc. even without a particular marking in this work is in no way to be construed to mean that such names may be regarded as unrestricted in respect of trademark and brand protection legislation and could thus be used by anyone.

Cover image: www.ingimage.com

This book is a translation from the original published under ISBN 978-620-7-84182-0.

Publisher:
Sciencia Scripts
is a trademark of
Dodo Books Indian Ocean Ltd. and OmniScriptum S.R.L publishing group

120 High Road, East Finchley, London, N2 9ED, United Kingdom
Str. Armeneasca 28/1, office 1, Chisinau MD-2012, Republic of Moldova, Europe
Printed at: see last page
ISBN: 978-620-7-88783-5

PREFÁCIO

Bem-vindo ao mundo das redes, onde a troca ininterrupta de informações constitui a base da nossa era digital. Este livro foi concebido como um guia completo para compreender a intrincada teia de redes que liga os nossos dispositivos, aplicações e serviços a nível global. Quer seja um estudante a iniciar o seu percurso no domínio das redes informáticas ou um profissional experiente que procura aprofundar os seus conhecimentos, este livro tem como objetivo fornecer informações valiosas e conhecimentos práticos.

Explorando os conceitos fundamentais*: Começamos por aprofundar os fundamentos das redes, desde as noções básicas de transmissão de dados e arquitecturas de rede até às complexidades de protocolos como os modelos TCP/IP e OSI. Este conhecimento fundamental prepara o terreno para uma exploração mais profunda dos tópicos avançados de rede.*

Navegando em tecnologias avançadas*: À medida que a tecnologia evolui, o mesmo acontece com as redes. Exploramos tecnologias emergentes, como redes definidas por software (SDN), virtualização de funções de rede (NFV) e o potencial transformador do 5G e além. Essas inovações prometem redefinir a forma como as redes são projetadas, gerenciadas e protegidas no futuro.*

Abordagem de aplicações práticas*: Ao longo deste livro, enfatizamos aplicações práticas e cenários do mundo real. Seja discutindo estratégias de segurança de rede, otimizando o desempenho por meio de balanceamento de carga e Qualidade de Serviço (QoS) ou implementando integrações sem fio e de IoT, cada capítulo é criado para fornecer insights acionáveis e práticas recomendadas.*

Olhando para o futuro*: Os capítulos finais aprofundam o futuro das redes, explorando tendências como a gestão de redes orientada para a IA, as redes quânticas e a convergência de tecnologias. Estes conhecimentos visam equipá-lo com a previsão necessária para navegar e aproveitar o potencial das redes do futuro.*

ÍNDICE DE CONTEÚDOS

CAPÍTULO 1
OS FUNDAMENTOS DO TRABALHO EM REDE

Introdução

Na era digital moderna, as redes informáticas são a força vital da conetividade pessoal e profissional. Desde o acesso à Internet à partilha de ficheiros num escritório, as redes permitem o fluxo contínuo de informação entre diferentes dispositivos e locais. Este capítulo aborda os aspectos fundamentais das redes, fornecendo uma compreensão abrangente do que são redes, seus componentes, tipos e seu papel essencial no mundo interconectado de hoje.

O que é uma rede informática?

Uma rede informática é um conjunto de dispositivos interligados que comunicam entre si para partilhar recursos e informações. Estes dispositivos, frequentemente designados por nós, podem incluir computadores, servidores, routers, smartphones e outro hardware. O principal objetivo de uma rede informática é facilitar a comunicação e a partilha de recursos, permitindo que os dispositivos troquem dados de forma eficiente.

As redes podem variar significativamente em tamanho, âmbito e complexidade, desde uma pequena rede doméstica que liga alguns dispositivos a uma vasta rede global como a Internet, que liga milhões de dispositivos em todo o mundo. Apesar destas diferenças, todas as redes partilham um objetivo comum: fornecer um meio para os dispositivos comunicarem e partilharem recursos.

A importância das redes informáticas

As redes informáticas são cruciais no mundo moderno por várias razões:

1. **Comunicação**: As redes permitem a comunicação instantânea através de correio eletrónico, aplicações de mensagens e videoconferências, colmatando distâncias geográficas e facilitando a ligação entre as pessoas.

2. **Partilha de recursos**: As redes permitem a partilha de recursos, como impressoras, ficheiros e ligações à Internet, reduzindo os custos e melhorando a eficiência.

3. **Intercâmbio de dados**: As empresas dependem das redes para trocar dados entre diferentes departamentos e locais, facilitando a colaboração e a tomada de decisões.

4. **Acesso à informação**: As redes permitem o acesso a uma vasta quantidade de informação armazenada na Internet, incluindo recursos educativos, trabalhos de investigação e entretenimento.

5. **Trabalho remoto**: A capacidade de se ligar remotamente a uma rede permite que os funcionários trabalhem a partir de qualquer lugar, aumentando a flexibilidade e a produtividade.

Componentes básicos de uma rede de computadores

Compreender os componentes básicos de uma rede é essencial para entender o funcionamento das redes. Aqui estão os principais elementos:

1. **Nós**: Qualquer dispositivo ligado à rede, como computadores, smartphones, servidores e impressoras, é considerado um nó. Cada nó tem um identificador único, normalmente um endereço IP, que lhe permite comunicar com outros nós.
2. **Ligações**: As ligações físicas ou lógicas entre nós são designadas por ligações. As ligações físicas incluem cabos como Ethernet e fibra ótica, enquanto as ligações lógicas se referem a ligações sem fios como Wi-Fi e Bluetooth.
3. **Switches**: Os comutadores são dispositivos de rede que ligam vários nós numa rede local (LAN). Utilizam endereços MAC para encaminhar os dados para o destino correto dentro da rede.
4. **Routers**: Os routers são dispositivos que ligam redes diferentes, direccionando os pacotes de dados entre elas. Utilizam endereços IP para determinar o melhor caminho para os dados viajarem desde a origem até ao destino.
5. **Modems**: Os modems modulam e desmodulam sinais para transmissão de dados através de linhas telefónicas, sistemas de cabo ou ligações por satélite. São frequentemente utilizados para ligar uma rede local à Internet.
6. **Pontos de acesso**: Os pontos de acesso sem fios (WAPs) fornecem conetividade sem fios a dispositivos numa rede, aumentando o alcance e a capacidade de uma rede com fios.

Tipos de redes

As redes informáticas podem ser classificadas com base na sua dimensão, âmbito e objetivo. Aqui estão alguns tipos comuns de redes:
1. **Rede local (LAN)**: Uma LAN é uma rede que abrange uma pequena área geográfica, como uma casa, um escritório ou um edifício. As LANs são normalmente utilizadas para ligar computadores pessoais, impressoras e outros dispositivos muito próximos. Oferecem taxas de transferência de dados de alta velocidade e são relativamente fáceis de configurar e gerir.
2. **Rede de área alargada (WAN)**: Uma WAN abrange uma grande área geográfica, como uma cidade, um país ou mesmo o globo. A Internet é o exemplo mais extenso de uma WAN. As WANs ligam várias LANs e outras redes, permitindo a comunicação a longa distância e a troca de dados. Utilizam frequentemente linhas alugadas, ligações por satélite ou redes públicas para a conetividade.
3. **Rede de área metropolitana (MAN)**: Uma MAN cobre uma área maior do que uma LAN, mas é mais pequena do que uma WAN, abrangendo normalmente uma cidade ou um grande campus. As MANs são concebidas para ligar várias LANs numa região específica, fornecendo conetividade de alta velocidade e facilitando a partilha eficiente de recursos.
4. **Rede de Área Pessoal (PAN)**: Uma PAN é uma pequena rede que cobre uma área muito limitada, por exemplo, alguns metros. É normalmente utilizada para ligar dispositivos pessoais, como smartphones, tablets, computadores portáteis e wearables. Bluetooth e Wi-Fi

Direct são tecnologias comuns utilizadas em PANs.

5. **Rede de Área de Campus (CAN)**: Uma CAN é uma rede que abrange vários edifícios num campus, como uma universidade ou um complexo empresarial. As CANs são projetadas para conectar várias LANs dentro do campus, fornecendo transferência de dados em alta velocidade e gerenciamento centralizado.

6. **Rede privada virtual (VPN)**: Uma VPN é uma rede segura que utiliza encriptação para criar uma rede privada através de uma rede pública, como a Internet. As VPNs são frequentemente utilizadas por trabalhadores remotos para acederem em segurança à rede da sua empresa a partir de qualquer local.

O modelo OSI e a comunicação em rede

Compreender como os dados viajam através de uma rede é crucial para compreender os fundamentos da rede. O modelo OSI (Open Systems Interconnection) é um quadro concetual que normaliza as funções de um sistema de telecomunicações ou de computação em sete camadas distintas. Cada camada executa uma tarefa específica e comunica com as camadas imediatamente acima e abaixo dela. Eis os sete níveis do modelo OSI:

1. **Camada física**: A camada física é responsável pela ligação física entre dispositivos. Trata da transmissão e receção de fluxos de bits brutos através de um meio físico, como cabos, comutadores e placas de interface de rede (NICs). Esta camada define os elementos de hardware envolvidos na ligação em rede, incluindo níveis de tensão, temporização e taxas de dados.

2. **Camada de ligação de dados**: A camada de ligação de dados é responsável pela transferência de dados nó a nó e pela deteção e correção de erros. Garante que os dados enviados a partir da camada física não contêm erros e estão corretamente sequenciados. Esta camada está dividida em duas subcamadas: a camada de Controlo de Acesso aos Meios (MAC), que controla a forma como os dispositivos no mesmo segmento de rede acedem ao meio físico, e a camada de Controlo de Ligação Lógica (LLC), que gere a sincronização de fotogramas, o controlo de fluxo e a verificação de erros.

3. **Camada de rede**: A camada de rede é responsável pelo encaminhamento de pacotes de dados entre dispositivos em diferentes redes. Determina o melhor caminho para os dados viajarem desde a origem até ao destino, utilizando o endereçamento lógico, como os endereços IP. Esta camada trata do encaminhamento, do encaminhamento e do endereçamento de pacotes.

4. **Camada de transporte**: A camada de transporte é responsável pela comunicação de ponta a ponta e pela transferência de dados entre dispositivos. Garante que os dados são entregues de forma fiável e na ordem correta. Esta camada fornece deteção de erros, controlo de fluxo e segmentação de dados. Os protocolos comuns deste nível incluem o TCP (Transmission Control Protocol) e o UDP (User Datagram Protocol).

5. **Camada de sessão**: A camada de sessão é responsável por estabelecer, gerir e terminar sessões de comunicação entre dispositivos. Controla o diálogo entre dois dispositivos, assegurando que a troca de dados é organizada e sincronizada. Esta camada também gere os pontos de controlo e a recuperação da sessão.

6. **Camada de apresentação**: A camada de apresentação é responsável pela tradução, encriptação e compressão dos dados. Garante que os dados estão num formato que a camada de aplicação pode compreender. Esta camada trata da encriptação, desencriptação, codificação e descodificação de dados, assegurando que os dados são apresentados num formato legível.

7. **Camada de aplicação**: A camada de aplicação é a camada mais elevada do modelo OSI e é responsável pelo fornecimento de serviços de rede aos utilizadores finais. Interage diretamente com as aplicações de software, permitindo-lhes comunicar com a rede. Esta camada inclui protocolos e serviços como HTTP, FTP, SMTP e DNS.

Ao compreender o modelo OSI, os profissionais de rede podem diagnosticar e resolver melhor os problemas de rede, uma vez que cada camada tem responsabilidades distintas e potenciais pontos de falha.

Protocolos de rede

Os protocolos de rede são um conjunto de regras e convenções que definem a forma como os dados são transmitidos e recebidos através de uma rede. Estes protocolos garantem que os dispositivos de diferentes fabricantes e sistemas operativos podem comunicar eficazmente. Aqui estão alguns protocolos de rede comuns:

1. **HTTP/HTTPS (Protocolo de Transferência de Hipertexto / Seguro)**: O HTTP é a base da comunicação de dados na World Wide Web, permitindo a transferência de páginas Web e outros recursos. O HTTPS é a versão segura do HTTP, que utiliza a encriptação para proteger os dados durante a transmissão.

2. **FTP (Protocolo de Transferência de Ficheiros)**: O FTP é utilizado para transferir ficheiros entre um cliente e um servidor através de uma rede. Suporta tanto o carregamento como o descarregamento de ficheiros e fornece funcionalidades básicas de autenticação e gestão de ficheiros.

3. **SMTP (Simple Mail Transfer Protocol)**: O SMTP é utilizado para enviar e receber mensagens de correio eletrónico. É responsável pela transmissão de correio eletrónico do cliente de correio eletrónico do remetente para o servidor de correio eletrónico do destinatário.

4. **POP3 (Post Office Protocol 3) e IMAP (Internet Message Access Protocol)**: O POP3 e o IMAP são utilizados para recuperar mensagens de correio eletrónico de um servidor para a aplicação de correio eletrónico de um cliente. O POP3 transfere as mensagens de correio eletrónico e elimina-as do servidor, enquanto o IMAP permite a sincronização de mensagens de correio eletrónico entre vários dispositivos.

5. **DNS (Sistema de Nomes de Domínio)**: O DNS é responsável pela tradução de nomes de domínio legíveis por humanos (como www.example.com) em endereços IP que os computadores podem compreender. Funciona como um diretório para a Internet, permitindo aos utilizadores aceder a sítios Web utilizando nomes facilmente memorizáveis.

6. **DHCP (Protocolo de Configuração Dinâmica de Anfitrião)**: O DHCP é utilizado para atribuir automaticamente endereços IP e outros parâmetros de configuração de rede a dispositivos numa rede. Simplifica a gestão dos endereços IP e assegura que os dispositivos

podem ligar-se à rede sem configuração manual.

7. **TCP/IP (Transmission Control Protocol/Internet Protocol)**: O TCP/IP é o conjunto de protocolos fundamentais da Internet e da maioria das redes modernas. O TCP é responsável por assegurar uma transmissão de dados fiável, enquanto o IP trata do endereçamento e do encaminhamento dos pacotes de dados.

Arquitecturas de rede

A arquitetura de rede refere-se à conceção e estrutura de uma rede, incluindo os seus componentes físicos e lógicos, configuração e princípios operacionais. Os dois principais tipos de arquitecturas de rede são cliente-servidor e ponto-a-ponto (P2P).

1. **Arquitetura cliente-servidor**: Numa rede cliente-servidor, os clientes (dispositivos ou aplicações de software) solicitam serviços ou recursos a um servidor central. O servidor processa estes pedidos e fornece os recursos necessários. Esta arquitetura é comum em ambientes empresariais, onde os servidores alojam aplicações, ficheiros, bases de dados e outros recursos a que os dispositivos clientes acedem.

• **Vantagens**: Gestão centralizada, maior segurança, escalabilidade e alocação eficiente de recursos.

• **Desvantagens**: Custo mais elevado, potencial ponto único de falha e maior complexidade.

2. **Arquitetura Peer-to-Peer (P2P)**: Numa rede P2P, cada dispositivo (par) pode atuar tanto como cliente como servidor, partilhando recursos diretamente com outros pares sem depender de um servidor central. As redes P2P são frequentemente utilizadas para partilha de ficheiros, computação distribuída e colaboração.

• **Vantagens**: Económica, descentralizada e fácil de instalar.

• **Desvantagens**: Menos controlo sobre a segurança, potencial para contenção de recursos e desafios de escalabilidade.

Desempenho da rede e qualidade do serviço (QoS)

O desempenho da rede é um aspeto crítico da ligação em rede, uma vez que tem um impacto direto na experiência do utilizador e na eficiência da comunicação de dados. As principais métricas de desempenho incluem:

1. **Largura de banda**: A quantidade máxima de dados que podem ser transmitidos através de uma rede n u m determinado período, normalmente medida em bits por segundo (bps). Uma maior largura de banda indica uma maior capacidade de transferência de dados.

2. **Latência**: O tempo que um pacote de dados demora a viajar da origem para o destino, medido em milissegundos (ms). Uma latência mais baixa indica uma comunicação mais rápida.

3. **Taxa de transferência**: A quantidade real de dados transmitidos através da rede num determinado período, tendo em conta vários factores como o congestionamento da rede e os erros. Também é medido em bits por segundo (bps).

4. **Perda de pacotes**: A percentagem de pacotes de dados que são perdidos ou eliminados durante a transmissão. Uma menor perda de pacotes indica uma rede mais fiável.

5. **Jitter**: A variação nos tempos de chegada dos pacotes, que pode afetar a qualidade das aplicações em tempo real, como VoIP e videoconferência. Um jitter mais baixo indica uma comunicação mais consistente.

A Qualidade de Serviço (QoS) refere-se aos mecanismos e tecnologias utilizados para gerir e dar prioridade ao tráfego de rede, de modo a garantir um desempenho ótimo das aplicações críticas. A QoS pode ajudar a atingir os seguintes objectivos:

1. **Priorização de tráfego**: Atribuição de maior prioridade ao tráfego sensível ao tempo, como VoIP e streaming de vídeo, para garantir o mínimo de latência e jitter.

2. **Atribuição de largura de banda**: Atribuição de largura de banda suficiente a aplicações críticas para evitar congestionamentos e garantir um funcionamento sem problemas.

3. **Modelação do tráfego**: Controlo do fluxo de dados para evitar o congestionamento da rede e garantir uma distribuição justa dos recursos.

4. **Tratamento de erros**: Implementação de mecanismos para detetar e corrigir erros, garantindo a integridade e fiabilidade dos dados.

Conclusão

Compreender os fundamentos das redes é essencial para quem deseja navegar no cenário digital de forma eficaz. Este capítulo fornece uma visão geral do que são redes de computadores, sua importância, componentes básicos, tipos, protocolos, arquiteturas e considerações de desempenho. Com este conhecimento básico, os leitores estão mais bem equipados para explorar os aspectos mais avançados da rede, diagnosticar problemas e tomar decisões informadas sobre o projeto e a implementação da rede.

CAPÍTULO 2
TOPOLOGIAS DE REDE

Introdução

As topologias de rede definem a disposição, estrutura e organização dos nós e ligações numa rede. Desempenham um papel crucial na determinação do desempenho, escalabilidade, fiabilidade e tolerância a falhas da rede. Entender os vários tipos de topologias de rede e suas características é essencial para projetar redes eficientes e eficazes. Este capítulo aborda os diferentes tipos de topologias de rede, suas vantagens e desvantagens e aplicações práticas.

O que é uma topologia de rede?

A topologia de rede refere-se à disposição dos vários elementos (ligações, nós, etc.) numa rede informática. É uma descrição esquemática da disposição de uma rede, ligando vários nós (emissor e recetor) através de linhas de ligação. A topologia pode ser entendida tanto física como logicamente:

1. **Topologia física**: Refere-se à disposição física dos dispositivos e cabos. É a disposição efectiva dos componentes de hardware e dos cabos.
2. **Topologia lógica**: Refere-se à forma como os dados se deslocam na rede. Envolve o caminho que os dados percorrem dentro da disposição física.

Tanto as topologias físicas como as lógicas são importantes para compreender a estrutura global e a funcionalidade de uma rede.

Tipos de topologias de rede

1. **Topologia de barramento**

2. **Topologia em anel**

3. **Topologia em estrela**

4. **Topologia de malha**

5. **Topologia de árvore**

6. **Topologia híbrida**

Cada topologia tem as suas características únicas, vantagens e desvantagens, que são exploradas em pormenor a seguir.

Descrição da topologia do barramento

Numa topologia de bus, todos os nós estão ligados a um único cabo central, denominado bus ou backbone. Os dados enviados de um nó viajam ao longo do bus até chegarem ao nó de destino. Os terminadores são colocados em ambas as extremidades do bus para evitar a reflexão do sinal e assegurar uma comunicação correcta.

Vantagens

1. **Simplicidade**: A topologia de barramento é simples de configurar e requer menos cabos do que outras topologias, o que a torna económica para pequenas redes.
2. **Económica**: São necessários menos cabos e menos hardware, reduzindo os custos de instalação e manutenção.
3. **Facilidade de expansão**: A adição de novos nós à rede é simples e pode ser efectuada sem perturbar a rede existente.

Desvantagens

1. **Escalabilidade limitada**: A topologia de barramento não é adequada para grandes redes devido à degradação do sinal e a problemas de colisão à medida que são adicionados mais dispositivos.
2. **Ponto único de falha**: Se o cabo do barramento central falhar, toda a rede fica em baixo, tornando-a menos fiável.
3. **Domínio de colisão**: Todos os dispositivos partilham o mesmo canal de comunicação, o que conduz a potenciais colisões de dados e a um desempenho reduzido.

Aplicações práticas

A topologia de barramento é normalmente utilizada em pequenas redes ou em configurações de rede temporárias, em que a simplicidade e a relação custo-eficácia são mais importantes do que a escalabilidade e a fiabilidade. Foi muito utilizada nas primeiras redes Ethernet, mas foi largamente substituída por topologias mais avançadas.

Topologia em anel Descrição
Numa topologia em anel, cada nó está ligado a dois outros nós, formando uma estrutura circular ou em anel. Os dados viajam numa direção (unidirecional) ou em ambas as direcções (bidirecional) ao longo do anel. Cada nó recebe dados do seu antecessor e encaminha-os para o seu sucessor até que os dados cheguem ao seu destino.

Vantagens

1. **Fluxo de dados ordenado**: Os dados viajam numa única direção, reduzindo as hipóteses de colisões de dados e assegurando uma transmissão de dados ordenada.
2. **Fácil isolamento de falhas**: A identificação e o isolamento de falhas na rede são mais

fáceis porque cada nó está ligado apenas a dois outros nós.

3. **Desempenho previsível**: O desempenho da rede é previsível porque os dados passam por um número fixo de nós antes de chegarem ao seu destino.

Desvantagens

1. **Ponto único de falha**: Uma falha em qualquer nó ou ligação pode afetar toda a rede. Os anéis redundantes (topologia de anel duplo) podem atenuar este problema, mas aumentam a complexidade e o custo.

2. **Problemas de escalabilidade**: Adicionar ou remover nós pode ser um desafio e pode exigir tempo de inatividade da rede.

3. **Latência**: Os dados têm de passar por vários nós, o que leva a um aumento da latência, especialmente em grandes redes.

Aplicações práticas

A topologia em anel é frequentemente utilizada em ambientes onde o tráfego de dados é previsível e requer uma comunicação ordenada, como nas redes locais (LAN) e nas redes de área metropolitana (MAN). As redes Token Ring e FDDI (Fiber Distributed Data Interface) são exemplos de implementações de topologia em anel.

Topologia em estrela

Descrição

Numa topologia em estrela, todos os nós estão ligados a um hub ou switch central. O dispositivo central actua como mediador da transmissão de dados, recebendo os dados de um nó emissor e encaminhando-os para o nó destinatário pretendido.

Vantagens

1. **Gestão centralizada**: O hub ou switch central permite uma gestão e monitorização mais fáceis da rede.

2. **Isolamento de falhas**: As falhas em nós ou ligações individuais não afectam toda a rede, facilitando a identificação e o isolamento dos problemas.

3. **Escalabilidade**: A adição ou remoção de nós é simples e não perturba a rede.

Desvantagens

1. **Ponto único de falha**: O hub ou switch central representa um ponto único de falha. Se ele falhar, toda a rede vai abaixo.

2. **Custo mais elevado**: A topologia em estrela requer mais cabos e hardware (hubs ou comutadores) do que as topologias em barramento ou em anel, aumentando os custos de

instalação e manutenção.[1]

3. **Dependência do dispositivo central**: O desempenho e a fiabilidade da rede dependem em grande medida do hub ou switch central.

Aplicações práticas

A topologia em estrela é uma das topologias mais comuns utilizadas nas redes modernas, especialmente em LANs domésticas e de escritório. É amplamente utilizada devido à sua simplicidade, facilidade de gestão e tolerância a falhas. As redes Ethernet geralmente usam uma topologia em estrela com switches ou hubs no centro.

Descrição da topologia de malha

Numa topologia em malha, cada nó está ligado a todos os outros nós da rede, criando uma rede totalmente interligada. Existem dois tipos de topologia em malha:

1. **Malha completa**: Cada nó está ligado a todos os outros nós.

2. **Malha parcial**: Alguns nós estão ligados a todos os outros nós, enquanto outros estão ligados apenas a alguns nós.

Vantagens

1. **Redundância**: Os múltiplos caminhos entre nós proporcionam redundância, aumentando a fiabilidade da rede e a tolerância a falhas.

2. **Robustez**: A falha de uma ou várias ligações não afecta toda a rede, o que a torna altamente robusta.

3. **Alto desempenho**: As ligações directas entre nós reduzem a latência e melhoram o desempenho geral da rede.

Desvantagens

1. **Complexidade**: A configuração e gestão de uma rede em malha é complexa devido à s inúmeras ligações.

2. **Custo elevado**: A topologia em malha requer uma quantidade significativa de cablagem e hardware, o que torna a sua implementação e manutenção dispendiosas.

3. **Problemas de escalabilidade**: A adição de novos nós aumenta exponencialmente a complexidade e o custo, tornando a escalabilidade um desafio.

Aplicações práticas

A topologia em malha é normalmente utilizada em redes de missão crítica, em que a fiabilidade e a tolerância a falhas são fundamentais, como em aplicações militares, aeroespaciais e industriais. É também utilizada em redes sem fios (por exemplo, redes em malha sem fios) para proporcionar uma conetividade robusta e flexível.

Descrição da topologia em árvore

A topologia em árvore, também conhecida como topologia hierárquica, combina características das topologias em estrela e em barramento. Consiste em grupos de redes configuradas em estrela ligadas a um backbone de barramento linear. A estrutura em árvore começa com um nó raiz, que se ramifica em nós filhos, formando uma disposição hierárquica.

Vantagens

1. **Escalabilidade**: A topologia em árvore suporta a expansão de uma rede existente, permitindo a adição de novos nós sem perturbações significativas.
2. **Gerenciamento hierárquico**: A estrutura hierárquica simplifica a gestão da rede e a resolução de problemas, organizando os nós em grupos geríveis.
3. **Isolamento de falhas**: As falhas em nós individuais ou grupos de nós podem ser facilmente identificadas e isoladas[2].

Desvantagens

1. **Complexidade**: A estrutura hierárquica aumenta a complexidade da conceção e implementação da rede.
2. **Dependência do backbone**: O desempenho e a fiabilidade da rede dependem da espinha dorsal do barramento central. Uma falha no backbone pode afetar vários nós ou grupos de nós.
3. **Custo mais elevado**: A topologia em árvore requer mais cablagem e hardware em comparação com topologias mais simples, aumentando os custos de instalação e manutenção.

Aplicações práticas

A topologia em árvore é normalmente utilizada em grandes organizações e instituições de ensino, onde a gestão hierárquica e a escalabilidade são essenciais. Também é utilizada em redes de área alargada (WANs) para ligar várias redes locais (LANs).

Descrição da topologia híbrida

A topologia híbrida combina duas ou mais topologias diferentes para aproveitar as vantagens e atenuar as desvantagens de cada uma. Por exemplo, uma rede pode utilizar uma topologia em estrela dentro de departamentos individuais e ligar estas redes configuradas em estrela utilizando uma topologia em barramento ou em anel.

Vantagens

1. **Flexibilidade**: A topologia híbrida oferece flexibilidade na conceção, permitindo aos arquitectos de rede escolher a melhor topologia para cada parte da rede com base em requisitos específicos.

2. **Escalabilidade**: A abordagem híbrida suporta a expansão da rede através da adição de novas topologias conforme necessário.

3. **Desempenho optimizado**: A combinação de diferentes topologias pode otimizar o desempenho da rede, aproveitando os pontos fortes de cada topologia.

Desvantagens

1. **Complexidade**: A conceção e gestão de uma rede híbrida é complexa devido à combinação de diferentes topologias.

2. **Custo mais elevado**: A implementação de várias topologias aumenta o custo da cablagem, do hardware e da manutenção.

3. **Incompatibilidade potencial**: Garantir a compatibilidade e a integração perfeita entre diferentes topologias pode ser um desafio.

Aplicações práticas

A topologia híbrida é normalmente utilizada em grandes organizações com diversas necessidades de rede. Permite que os projectistas de rede adaptem a rede a requisitos específicos, garantindo um desempenho e fiabilidade óptimos. As topologias híbridas também são utilizadas em centros de dados, redes de campus e redes de área metropolitana (MANs).

Critérios de seleção da topologia de rede

A escolha da topologia de rede correcta é fundamental para garantir que a rede cumpre os requisitos da organização. Vários factores devem ser considerados ao selecionar uma topologia de rede:

1. **Tamanho e escala da rede**: O tamanho da rede e o número de nós que ela precisa suportar influenciarão a escolha da topologia. As redes de grande dimensão podem beneficiar de topologias hierárquicas ou híbridas, enquanto as redes mais pequenas podem utilizar topologias mais simples, como barramento ou estrela.

2. **Restrições orçamentais**: O custo de cabeamento, hardware e manutenção terá impacto na escolha da topologia. As topologias em estrela e em barramento são mais económicas para redes pequenas, enquanto as topologias em malha e híbridas podem ser necessárias para redes maiores e mais críticas.

3. **Requisitos de desempenho**: O desempenho desejado da rede, incluindo latência, taxa de transferência e tolerância a falhas, influenciará a escolha da topologia. As topologias em malha e híbridas oferecem um elevado desempenho e fiabilidade, mas implicam um aumento da complexidade e do custo.

4. **Necessidades de escalabilidade**: A capacidade de crescimento e expansão da rede deve ser considerada. As topologias em árvore e híbridas oferecem melhor escalabilidade do que as topologias em barramento e em anel.

5. **Tolerância a falhas e fiabilidade**: A tolerância da rede a falhas e os seus requisitos de

fiabilidade influenciarão a escolha da topologia. As topologias em malha e híbridas oferecem maior tolerância a falhas, enquanto as topologias em barramento e em anel são mais susceptíveis a pontos únicos de falha.

6. **Facilidade de gestão**: A complexidade da gestão da rede e da resolução de problemas deve ser considerada. As topologias em estrela e em árvore oferecem gerenciamento centralizado, enquanto as topologias em malha e híbridas exigem ferramentas de gerenciamento e conhecimentos mais sofisticados.

Conclusão

As topologias de rede são fundamentais para a conceção e funcionamento das redes informáticas. Cada topologia tem características, vantagens e desvantagens únicas, o que a torna adequada para aplicações e ambientes específicos. Compreender os diferentes tipos de topologias de rede e as suas implicações é essencial para conceber redes eficientes, fiáveis e escaláveis. Ao considerar cuidadosamente factores como a dimensão da rede, o orçamento, o desempenho, a escalabilidade, a tolerância a falhas e os requisitos de gestão, os projectistas de redes podem selecionar a topologia adequada para satisfazer as necessidades da sua organização.

CAPÍTULO 3
MODELOS DE REDE

Os modelos de rede são estruturas essenciais que normalizam e orientam o desenvolvimento, a conceção e a implementação de protocolos de comunicação e tecnologias de rede. Eles garantem a interoperabilidade entre dispositivos de diferentes fabricantes e fornecem uma abordagem sistemática para a solução de problemas de rede. Este capítulo explora dois modelos de rede principais: o modelo OSI (Open Systems Interconnection) e o modelo TCP/IP (Transmission Control Protocol/Internet Protocol). Ele também compara esses modelos, destacando suas diferenças e cenários de uso.

Modelo OSI: As sete camadas

O modelo OSI, desenvolvido pela International Organization for Standardization (ISO), é um quadro concetual que normaliza as funções de um sistema de telecomunicações ou de computação em sete camadas distintas. Cada camada tem responsabilidades específicas e comunica com as camadas diretamente acima e abaixo dela. [3] Eis os sete níveis do modelo OSI:

1. **Camada física**

2. **Camada de ligação de dados**

3. **Camada de rede**

4. **Camada de transporte**

5. **Camada de sessão**

6. **Camada de apresentação**

7. **Camada de aplicação**

1. Camada física

Descrição: A camada física é responsável pela ligação física entre dispositivos. Trata da transmissão e receção de fluxos de bits brutos através de um meio físico, como cabos, comutadores e placas de interface de rede (NIC).

Funções:

- Define os elementos de hardware envolvidos na ligação em rede, incluindo níveis de tensão, temporização e taxas de dados.
- Gere a ligação física entre dispositivos, incluindo a disposição de cabos, comutadores e

outros componentes de hardware.

• Especifica as características eléctricas, mecânicas e processuais do meio físico.

Exemplos:

• Cabos Ethernet, fibra ótica e métodos de transmissão sem fios.

• Adaptadores de rede, repetidores, hubs e interfaces de rede físicas.

2. Camada de ligação de dados

Descrição: A camada de ligação de dados é responsável pela transferência de dados nó a nó e pela deteção e correção de erros. Assegura que os dados enviados a partir da camada física não contêm erros e estão corretamente sequenciados.

Funções:

• Fornece deteção e correção de erros para garantir uma transferência de dados fiável.

• Gerencia a sincronização de quadros, o controle de fluxo e o endereçamento usando endereços MAC.

• Dividido em duas subcamadas: Controlo de Acesso ao Meio (MAC) e Controlo de Ligação Lógica (LLC).

Exemplos:

• Ethernet, Wi-Fi (IEEE 802.11) e PPP (Point-to-Point Protocol).

• Comutadores e pontes que funcionam na camada de ligação de dados.

3. Camada de rede

Descrição: A camada de rede é responsável pelo encaminhamento de pacotes de dados entre dispositivos em diferentes redes. Determina o melhor caminho para os dados viajarem desde a origem até ao destino, utilizando o endereçamento lógico, como os endereços IP.

Funções:

• Trata do encaminhamento de pacotes, do encaminhamento e do endereçamento.

• Gere o endereçamento lógico, incluindo endereços IP, para garantir que os dados chegam ao destino correto.

• Fornece capacidades de ligação à Internet e gere o controlo do congestionamento.

Exemplos:

• Protocolo Internet (IP), incluindo IPv4 e IPv6.

• Routers e comutadores de nível 3.

4. Camada de transporte

Descrição: A camada de transporte é responsável pela comunicação de extremo a extremo e pela transferência de dados entre dispositivos. Garante que os dados são entregues de forma fiável e na ordem correcta.

Funções:

• Fornece deteção de erros, controlo de fluxo e segmentação de dados.

• Gere as ligações de ponta a ponta, assegurando uma transferência de dados fiável.

• Os protocolos mais comuns neste nível incluem o TCP (Transmission Control Protocol) e o UDP (User Datagram Protocol).

Exemplos:

• Protocolos TCP e UDP.

• Números de porta utilizados para identificar aplicações e serviços específicos.

5. Camada de sessão

Descrição: A camada de sessão é responsável por estabelecer, gerir e terminar sessões de comunicação entre dispositivos. Controla o diálogo entre dois dispositivos, assegurando que a troca de dados é organizada e sincronizada.

Funções:

• Gere os pontos de controlo e a recuperação da sessão, assegurando a consistência dos dados.

• Controla a disciplina do diálogo, incluindo a comunicação full-duplex ou half-duplex.

• Fornece sincronização e controlo de diálogo.

Exemplos:

• Protocolos de gestão de sessões como NetBIOS, RPC (Remote Procedure Call) e PPTP (Point-to-Point Tunnelling Protocol).

6. Camada de apresentação

Descrição: A camada de apresentação é responsável pela tradução, encriptação e compressão de dados. Garante que os dados estão num formato que a camada de aplicação pode compreender.

Funções:

• Trata da encriptação e desencriptação de dados para garantir a segurança dos dados.

• Gere a compressão de dados para reduzir o tamanho dos dados e melhorar a velocidade de transmissão.

• Assegura a compatibilidade do formato dos dados entre diferentes sistemas.

Exemplos:

• Tradução de dados e formatos de codificação como ASCII, EBCDIC, JPEG e MPEG.

• Protocolos de encriptação como SSL/TLS.

7. Camada de aplicação

Descrição: A camada de aplicação é a camada superior do modelo OSI e é responsável pelo fornecimento de serviços de rede aos utilizadores finais. Interage diretamente com as aplicações de software, permitindo-lhes comunicar com a rede.

Funções:

• Fornece interfaces de utilizador e apoio a vários serviços e aplicações de rede.

• Gere a comunicação entre as aplicações e a rede subjacente.

• Os protocolos e serviços comuns incluem HTTP, FTP, SMTP e DNS.

Exemplos:

• Navegadores Web, clientes de correio eletrónico e aplicações de transferência de ficheiros.

•   Protocolos da camada de aplicação como HTTP (Hypertext Transfer Protocol), FTP (File Transfer Protocol), SMTP (Simple Mail Transfer Protocol) e DNS (Domain Name System).

Modelo TCP/IP: As quatro camadas

O modelo TCP/IP, desenvolvido pelo Department of Défense (DoD), é um quadro prático que normaliza a comunicação através da Internet. [4] Baseia-se nos protocolos utilizados na ARPANET, precursora da Internet. O modelo TCP/IP é composto por quatro camadas:

1. **Camada de ligação**

2. **Camada de Internet**

3. **Camada de transporte**

4. **Camada de aplicação**

1. Camada de ligação

Descrição: A camada de ligação, também conhecida como camada de interface de rede, é responsável pela ligação física entre dispositivos e pela transmissão local de dados. Corresponde às camadas física e de ligação de dados do modelo OSI.

Funções:

• Gere a ligação física e lógica entre dispositivos.

• Trata do enquadramento dos dados, do endereçamento e da deteção/correção de erros.

• Funciona ao nível da rede local, assegurando que os dados são transmitidos dentro do mesmo segmento de rede.

Exemplos:

• Ethernet, Wi-Fi (IEEE 802.11) e ARP (Protocolo de Resolução de Endereços).

• Adaptadores de rede, comutadores e interfaces de rede.

2. Camada de Internet

Descrição: A camada Internet é responsável pelo encaminhamento de pacotes de dados entre dispositivos em diferentes redes. Corresponde ao nível de rede do modelo OSI.

Funções:

• Trata do encaminhamento de pacotes, do encaminhamento e do endereçamento.

• Gere o endereçamento lógico utilizando endereços IP para garantir que os dados chegam ao destino correto.

• Fornece capacidades de ligação à Internet, permitindo que os dados circulem através de várias redes.

Exemplos:

• Protocolo Internet (IP), incluindo IPv4 e IPv6.

• ICMP (Internet Control Message Protocol) e IGMP (Internet Group Management Protocol).
• Routers e comutadores de nível 3.

3. Camada de transporte

Descrição: A camada de transporte é responsável pela comunicação de extremo a extremo e pela transferência de dados entre dispositivos. Corresponde ao nível de transporte do modelo OSI.

Funções:

• Fornece deteção de erros, controlo de fluxo e segmentação de dados.

• Gere as ligações de ponta a ponta, assegurando uma transferência de dados fiável.

• Os protocolos mais comuns neste nível incluem o TCP (Transmission Control Protocol) e o UDP (User Datagram Protocol).

Exemplos:

• Protocolos TCP e UDP.

• Números de porta utilizados para identificar aplicações e serviços específicos.

4. Camada de aplicação

Descrição: A camada de aplicação é a camada superior do modelo TCP/IP e é responsável pelo fornecimento de serviços de rede aos utilizadores finais. Corresponde aos níveis de sessão, apresentação e aplicação do modelo OSI.

Funções:

• Fornece interfaces de utilizador e apoio a vários serviços e aplicações de rede.

• Gere a comunicação entre as aplicações e a rede subjacente.

• Os protocolos e serviços comuns incluem HTTP, FTP, SMTP e DNS.

Exemplos:

• Navegadores Web, clientes de correio eletrónico e aplicações de transferência de ficheiros.

• Protocolos da camada de aplicação como HTTP (Hypertext Transfer Protocol), FTP (File Transfer Protocol), SMTP (Simple Mail Transfer Protocol) e DNS (Domain Name System).

Comparação e utilização

Os modelos OSI e TCP/IP servem como estruturas fundamentais para a compreensão da comunicação em rede. Embora partilhem semelhanças, também têm diferenças distintas na sua estrutura, abordagem e aplicação prática.

Semelhanças

1. **Abordagem em camadas**: Ambos os modelos utilizam uma abordagem em camadas para normalizar as funções de rede, garantindo a interoperabilidade entre diferentes dispositivos e tecnologias.
2. **Segmentação de funções**: Cada camada em ambos os modelos tem responsabilidades específicas e comunica com as camadas diretamente acima e abaixo dela.
3. **Objetivo comum**: Ambos os modelos visam facilitar a comunicação fiável e eficiente entre dispositivos através de uma rede.

Diferenças

1. **Número de camadas**: O modelo OSI tem sete camadas, enquanto o modelo TCP/IP tem quatro camadas. O modelo OSI fornece uma análise mais pormenorizada e granular das funções de rede.
2. **Desenvolvimento e adoção**: O modelo OSI foi desenvolvido pela International Organization for Standardization (ISO) como um quadro teórico, enquanto o modelo TCP/IP foi desenvolvido pelo Department of Defense (DoD) com base na implementação prática na ARPANET.
3. **Correspondência de camadas**: As camadas no modelo OSI correspondem diretamente a funções específicas, enquanto o modelo TCP/IP combina determinadas funções em camadas mais amplas. Por exemplo, a camada de aplicação no modelo TCP/IP engloba as camadas de sessão, apresentação e aplicação do modelo OSI.
4. **Dependência de protocolo**: O modelo OSI é independente de protocolo, o que significa que não dita a utilização de protocolos específicos. Em contrapartida, o modelo TCP/IP baseia-se em protocolos específicos (TCP e IP) e foi desenvolvido com estes protocolos em mente.
5. **Uso e praticidade**: O modelo OSI é frequentemente utilizado como modelo de referência para compreender e ensinar conceitos de rede, enquanto o modelo TCP/IP é mais amplamente utilizado na conceção e implementação práticas de redes.

Cenários de utilização

1. **Modelo OSI**:

• Utilização pedagógica e teórica: O modelo OSI é normalmente utilizado em ambientes académicos para ensinar conceitos de rede e fornecer um quadro estruturado para a compreensão das funções de rede.
• Normalização e desenvolvimento: O modelo OSI serve de referência para o desenvolvimento de novas normas e protocolos de rede, garantindo a compatibilidade e a interoperabilidade.

2. **Modelo TCP/IP**:

• Projeto e implementação práticos de redes: O modelo TCP/IP é amplamente utilizado na conceção e implementação de redes do mundo real, incluindo a Internet e as redes empresariais.
• Desenvolvimento de protocolos: O modelo TCP/IP orienta o desenvolvimento de protocolos de rede, assegurando que funcionam sem problemas dentro da estrutura estabelecida.
• Resolução de problemas e manutenção: Os administradores de rede utilizam frequentemente o modelo TCP/IP para a resolução de problemas e manutenção da infraestrutura de rede, uma vez que está alinhado com os aspectos práticos do funcionamento da rede.

Comparação pormenorizada de camadas

1. **Camada física (OSI) vs. Camada de ligação (TCP/IP)**:
• Camada física OSI: Centra-se nos elementos de hardware e no meio de transmissão, incluindo cabos, comutadores e placas de interface de rede.
• Camada de ligação TCP/IP: Abrange as camadas física e de ligação de dados do modelo OSI, tratando das ligações de hardware e do enquadramento de dados, endereçamento e deteção de erros.

2. **Camada de ligação de dados (OSI) vs. Camada de ligação (TCP/IP)**:

• **Camada de ligação de dados OSI**: Gere a transferência de dados nó-a-nó, a deteção e correção de erros. Inclui as subcamadas MAC e LLC.
• **Camada de ligação TCP/IP**: Combina as funções das camadas física e de ligação de dados do OSI, proporcionando uma abordagem unificada à comunicação em redes locais.

3. **Camada de rede (OSI) vs. Camada de Internet (TCP/IP)**:
• **Camada de rede OSI**: Trata do encaminhamento, reencaminhamento e endereçamento de pacotes utilizando endereços IP. Garante que os dados chegam ao destino correto através de várias redes.
• **Camada de Internet TCP/IP:** Corresponde à camada de rede OSI, centrando-se no

encaminhamento, endereçamento e reencaminhamento de pacotes. Inclui protocolos como IP, ICMP e IGMP[5].

4. Camada de transporte (ambos os modelos):

• Camada de transporte OSI: Gere a comunicação de ponta a ponta, assegurando uma transferência de dados fiável, a deteção de erros e o controlo do fluxo. Os protocolos comuns incluem TCP e UDP.
• Camada de transporte TCP/IP: Corresponde à camada de transporte OSI, fornecendo funções semelhantes com ênfase na transferência de dados de ponta a ponta e na fiabilidade.

5. Camadas de Sessão, Apresentação e Aplicação (OSI) vs. Camada de Aplicação (TCP/IP):

• Camada de sessão OSI: Gere as sessões e os diálogos entre dispositivos, assegurando uma comunicação organizada e sincronizada.
• Camada de apresentação OSI: Trata da tradução, encriptação e compressão de dados, assegurando que os dados estão num formato utilizável para a camada de aplicação.
• Camada de aplicação OSI: Fornece serviços de rede aos utilizadores finais, fazendo a interface com aplicações de software.
• Camada de aplicação TCP/IP: Combina as funções das camadas de sessão, apresentação e aplicação OSI, proporcionando uma abordagem unificada à comunicação ao nível da aplicação e aos serviços de rede.

Conclusão

Os modelos de rede são estruturas cruciais que normalizam os protocolos de comunicação e orientam o desenvolvimento de tecnologias de rede. Os modelos OSI e TCP/IP são os modelos mais amplamente reconhecidos e utilizados no domínio das redes. O modelo OSI, com as suas sete camadas, fornece uma abordagem detalhada e estruturada para compreender as funções de rede, enquanto o modelo TCP/IP, com as suas quatro camadas, oferece uma estrutura prática e amplamente adoptada para a conceção e implementação de redes no mundo real. Ao compreender as semelhanças e diferenças entre estes modelos, os profissionais de rede podem conceber, implementar e solucionar melhor as infra-estruturas de rede. O modelo OSI serve como uma valiosa ferramenta educacional e teórica, enquanto o modelo TCP/IP é indispensável para aplicações práticas de rede. Juntos, estes modelos fornecem uma base abrangente para a compreensão e gestão de redes de computadores modernas.

CAPÍTULO 4
HARDWARE DE REDE

O hardware de rede é a espinha dorsal de qualquer rede, fornecendo a infraestrutura necessária para permitir a comunicação entre dispositivos. Compreender os vários componentes e as suas funções é crucial para conceber, implementar e manter redes eficientes e fiáveis. Este capítulo aborda os dispositivos essenciais, suas funções e recursos, e fornece orientações sobre sua instalação e configuração.

Dispositivos essenciais

1. **Routers**

2. **Interruptores**

3. **Cubos**

4. **Modems**

5. **Pontos de acesso**

1. Routers

Função: Os routers são dispositivos que encaminham pacotes de dados entre redes informáticas. Direccionam o tráfego na Internet, garantindo que os dados enviados de uma rede chegam ao destino pretendido noutra rede. Os routers funcionam no nível de rede (nível 3) do modelo OSI.

Características:

• **Encaminhamento**: Os routers determinam o melhor caminho a percorrer pelos pacotes de dados para chegarem ao seu destino. Isto envolve a utilização de tabelas de encaminhamento e protocolos como o RIP, OSPF e BGP.
• **Tradução de endereços de rede (NAT)**: A NAT permite que vários dispositivos numa rede local partilhem um único endereço IP público, conservando os endereços IP e melhorando a segurança.
• **Capacidades de firewall**: Muitos routers incluem firewalls incorporadas para proteger a rede contra acesso não autorizado e ameaças cibernéticas.
• **Qualidade de serviço (QoS)**: As funcionalidades de QoS dão prioridade ao tráfego de rede para garantir que as aplicações críticas recebem a largura de banda necessária.
• **Suporte VPN**: Os routers suportam frequentemente ligações VPN (Virtual Private Network), permitindo um acesso remoto seguro à rede.

Instalação e configuração:

• **Configuração física**: Ligue o router ao modem utilizando um cabo Ethernet e ligue os seus dispositivos ao router através de cabos Ethernet ou Wi-Fi.

• **Aceder à interface do router**: Utilize um navegador Web para iniciar sessão na interface baseada na Web do router, normalmente acedida através da introdução do endereço IP do router (por exemplo, 192.168.1.1) na barra de endereços do navegador[6].

• **Configuração inicial**: Configurar o router com definições básicas, tais como o nome da rede (SSID), a palavra-passe e os protocolos de segurança (por exemplo, WPA2).

• **Configuração avançada**: Configurar funcionalidades avançadas, tais como NAT, QoS, encaminhamento de portas e definições de firewall. Atualizar o firmware para garantir que o router tem os patches de segurança e as funcionalidades mais recentes.

2. Interruptores

Função: Os comutadores são dispositivos que ligam vários dispositivos numa rede local (LAN). Funcionam no nível de ligação de dados (Nível 2) do modelo OSI e utilizam endereços MAC para encaminhar os dados para o destino correto dentro da rede.

Características:

• **Comutação**: Os comutadores utilizam endereços MAC para direcionar os dados para o dispositivo adequado dentro da LAN, reduzindo as colisões e melhorando a eficiência da rede.

• **Gerenciado vs. Não gerenciado**: Os switches geridos oferecem funcionalidades avançadas, como suporte de VLAN, QoS e monitorização da rede, enquanto os switches não geridos fornecem conetividade básica sem opções de configuração.

• **PoE (Power over Ethernet)**: Alguns comutadores suportam PoE, o que lhes permite fornecer energia a dispositivos ligados, como câmaras IP e pontos de acesso sem fios, através do cabo Ethernet.

• **Agregação de links**: Combinação de várias conexões de rede para aumentar a taxa de transferência e fornecer redundância.

Instalação e configuração:

• **Configuração física**: Conecte os dispositivos ao switch usando cabos Ethernet. Se estiver usando um switch gerenciado, conecte-o a um computador para acessar sua interface de gerenciamento.

• **Acesso à interface do switch**: Para switches gerenciados, use um navegador da web ou uma ferramenta de gerenciamento dedicada para fazer login na interface do switch.

• **Configuração inicial**: Defina as definições básicas de rede, tais como endereços IP e VLANs, se necessário.

• **Configuração avançada**: Configure recursos como QoS, agregação de links e monitoramento de rede. Certifique-se de que o firmware do switch esteja atualizado para otimizar o desempenho e a segurança.

3. Cubos

Função: Os hubs são dispositivos básicos de rede que ligam vários dispositivos Ethernet numa LAN. Ao contrário dos comutadores, os hubs transmitem dados para todos os dispositivos ligados, o que pode levar a colisões na rede e a uma menor eficiência. Os hubs funcionam na camada física (Camada 1) do modelo OSI.

Características:

• **Conectividade simples**: Os hubs proporcionam uma forma simples de ligar vários dispositivos numa pequena rede.
• **Difusão**: Os hubs transmitem dados para todos os dispositivos ligados, o que pode causar colisões e reduzir o desempenho da rede.

Instalação e configuração:

• **Configuração física**: Ligue os dispositivos ao hub utilizando cabos Ethernet. Não há necessidade de configuração, uma vez que os hubs funcionam de forma passiva.
• **Limitações**: Devido à sua natureza de difusão e à falta de funcionalidades avançadas, os hubs são normalmente utilizados em redes muito pequenas ou temporárias.

4. Modems

Função: Os modems são dispositivos que modulam e desmodulam sinais analógicos para a transmissão de dados digitais através de linhas telefónicas, sistemas de cabo ou fibra ótica. Permitem o acesso à Internet através da conversão de dados digitais de um computador num formato adequado para transmissão através destes meios e vice-versa.

Características:

• **Modulação e desmodulação**: Os modems convertem sinais digitais em analógicos para transmissão através de linhas telefónicas ou de cabo e convertem os sinais analógicos de entrada novamente em digitais.
• **Tipos de modems**: Existem vários tipos de modems, incluindo modems DSL (Digital Subscriber Line), modems de cabo e modems de fibra, cada um deles adequado a diferentes tipos de ligações à Internet.
• **Dispositivos integrados**: Muitos modems modernos incluem também a funcionalidade de router, proporcionando um único dispositivo para ligação à Internet e gestão da rede.

Instalação e configuração:
• **Configuração física**: Ligue o modem à tomada do fornecedor de serviços Internet (ISP) (por exemplo, tomada de telefone, tomada de cabo) e ao router se for um modem autónomo.
• **Acesso à interface do modem**: Use um navegador da Web para fazer login na interface baseada na Web do modem, normalmente acessada digitando o endereço IP do modem na barra de endereços do navegador.
• **Configuração inicial**: Configurar o modem com as definições do ISP, incluindo informações da conta e parâmetros de ligação.
• **Configuração avançada**: Se o modem incluir a funcionalidade de router, configure as definições de rede, os protocolos de segurança e outras funcionalidades. Actualize o firmware para garantir que o modem tem os patches de segurança e as funcionalidades mais recentes.

5. Pontos de acesso

Função: Os pontos de acesso (APs) são dispositivos que fornecem conetividade sem fios a redes com fios, permitindo que os dispositivos sem fios se liguem à rede. Funcionam principalmente no nível de ligação de dados (Nível 2) do modelo OSI.

Características:
• **Conectividade sem fios**: Os APs permitem o acesso Wi-Fi a dispositivos sem fios, alargando o alcance de uma rede com fios.

• **Múltiplos SSIDs**: Alguns APs podem transmitir vários SSIDs, permitindo redes separadas para diferentes grupos de utilizadores ou finalidades.
• **Funcionalidades de segurança**: Os APs suportam vários protocolos de segurança, como o WPA2, para proteger as comunicações sem fios.
• **Rede em malha**: Alguns APs suportam redes em malha, permitindo que vários APs trabalhem em conjunto para alargar a cobertura sem fios sem problemas.

Instalação e configuração:

• **Configuração física**: Ligue o PA a um switch ou router utilizando um cabo Ethernet. Coloque o PA numa localização central para garantir uma cobertura sem fios óptima.
• **Aceder à interface do PA**: Utilize um browser da Web para iniciar sessão na interface baseada na Web do PA, normalmente acedida através da introdução do endereço IP do PA na barra de endereços do browser.
• **Configuração inicial**: Configurar o AP com definições básicas, tais como o nome da rede (SSID), a palavra-passe e os protocolos de segurança (por exemplo, WPA2).
• **Configuração avançada**: Configure funcionalidades avançadas como vários SSIDs, QoS e rede em malha. Certifique-se de que o firmware do AP está atualizado para um desempenho e segurança ideais.

Função e características pormenorizadas

Cada componente de hardware de rede desempenha um papel vital para garantir que a rede funciona sem problemas e de forma eficiente. Aqui está uma análise aprofundada da função e das características destes dispositivos essenciais.

Routers

Encaminhamento: Os routers utilizam tabelas e protocolos de encaminhamento para determinar o melhor caminho para os pacotes de dados. Tomam decisões com base no endereço IP de destino e na topologia da rede, garantindo uma entrega eficiente dos dados.

Tradução de endereços de rede (NAT): A NAT permite que vários dispositivos numa rede privada partilhem um único endereço IP público. Isto não só conserva os endereços IP, como também aumenta a segurança, ocultando os endereços da rede interna das redes externas.

Capacidades de firewall: Os routers incluem frequentemente firewalls incorporadas para proteger a rede contra o acesso não autorizado e as ameaças cibernéticas. As firewalls filtram o tráfego de entrada e de saída com base em regras de segurança predefinidas.

Qualidade de serviço (QoS): As funcionalidades de QoS dão prioridade ao tráfego de rede para garantir que as aplicações críticas, como VoIP e streaming, recebem a largura de banda necessária para um desempenho ótimo.

Suporte VPN: Os routers suportam frequentemente ligações VPN, permitindo o acesso remoto seguro à rede. As VPNs encriptam os dados, garantindo privacidade e segurança no acesso à rede a partir de locais remotos.

Interruptores

Comutação: Os comutadores utilizam endereços MAC para direcionar os dados para o dispositivo adequado dentro da LAN. Isto reduz as colisões e melhora a eficiência da rede, garantindo que os dados só chegam ao destino pretendido.

Gerenciado vs. Não gerenciado: Os switches geridos oferecem funcionalidades avançadas, como suporte de VLAN, QoS e monitorização da rede, proporcionando um maior controlo e flexibilidade. Os switches não gerenciados fornecem conetividade básica sem opções de configuração, tornando-os mais fáceis de usar, mas menos versáteis.

Power over Ethernet (PoE): O PoE permite que os comutadores forneçam energia a dispositivos ligados, como câmaras IP e pontos de acesso sem fios, através do cabo Ethernet. Isto elimina a necessidade de fontes de alimentação separadas e simplifica a instalação.

Agregação de links: A agregação de links combina várias conexões de rede para aumentar a taxa de transferência e fornecer redundância. Isto melhora o desempenho e a fiabilidade da rede, distribuindo o tráfego por várias ligações.

Cubos

Conectividade simples: Os hubs fornecem uma forma simples de ligar vários dispositivos numa rede pequena. Eles transmitem dados para todos os dispositivos conectados, o que pode causar colisões e reduzir o desempenho da rede.

Difusão: Os hubs funcionam de forma passiva, sem necessidade de configuração. Transmitem dados a todos os dispositivos ligados, o que os torna adequados para redes muito pequenas ou temporárias.

Modems

Modulação e desmodulação: Os modems convertem sinais digitais em analógicos para transmissão através de linhas telefónicas ou de cabo e convertem os sinais analógicos de entrada novamente em digitais. Isto permite que os computadores comuniquem através destes meios.

Tipos de modems: Existem vários tipos de modems, incluindo modems DSL, de cabo e de fibra. Cada tipo é adequado a diferentes métodos de ligação à Internet e oferece diferentes níveis de velocidade e desempenho.

Dispositivos integrados: Muitos modems modernos incluem a funcionalidade de router, proporcionando um único dispositivo para conetividade à Internet e gestão da rede. Isto simplifica a instalação e reduz a necessidade de vários dispositivos[7].

Pontos de acesso

Conectividade sem fios: Os pontos de acesso permitem o acesso Wi-Fi a dispositivos sem fios, alargando o alcance de uma rede com fios. Fornecem conetividade sem fios em áreas onde a instalação de cabos é impraticável.

Múltiplos SSIDs: Alguns pontos de acesso podem difundir vários SSIDs, permitindo redes separadas para diferentes grupos de utilizadores ou finalidades. Isto é útil para criar redes de convidados ou separar o tráfego para diferentes departamentos.

Características de segurança: Os pontos de acesso suportam vários protocolos de segurança, como o WPA2, para proteger as comunicações sem fios. Isto assegura que apenas os utilizadores autorizados podem aceder à rede e que os dados permanecem seguros.

Rede em malha: Alguns pontos de acesso suportam redes em malha, permitindo que vários APs trabalhem em conjunto para alargar a cobertura sem fios sem problemas. Isto proporciona uma melhor cobertura e fiabilidade em ambientes grandes ou complexos.

Instalação e configuração

A instalação e configuração adequadas do hardware de rede são essenciais para garantir um desempenho e segurança óptimos. Segue-se um guia passo-a-passo para a instalação e configuração de cada tipo de hardware de rede.

Routers Configuração física:
• Ligue o router ao modem utilizando um cabo Ethernet.

• Ligue os seus dispositivos ao router através de cabos Ethernet ou Wi-Fi.

Aceder à interface do router:

• Utilize um browser da Web para iniciar sessão na interface baseada na Web do router, introduzindo o endereço IP do router (por exemplo, 192.168.1.1) na barra de endereços do browser.
• Inicie a sessão utilizando o nome de utilizador e a palavra-passe predefinidos fornecidos pelo fabricante.

Configuração inicial:

• Configure o router com definições básicas, tais como o nome da rede (SSID), a palavra-passe e os protocolos de segurança (por exemplo, WPA2).
• Configure as definições de WAN (Wide Area Network), incluindo os detalhes de ligação do ISP, se necessário.

Configuração avançada:

• Configure as definições NAT para permitir que vários dispositivos partilhem um único endereço IP público.

• Configure o QoS para dar prioridade ao tráfego de rede para aplicações críticas.

• Configure as definições da firewall para proteger a rede contra o acesso não autorizado.

• Configurar ligações VPN se for necessário o acesso remoto.

• Actualize o firmware do router para garantir que tem os patches de segurança e as funcionalidades mais recentes.

Switches Configuração física:
• Conecte os dispositivos ao switch usando cabos Ethernet.

• Se utilizar um comutador gerido, ligue-o a um computador para aceder à sua interface de gestão.

Acessando a interface do switch:

• Para comutadores gerenciados, use um navegador da Web ou uma ferramenta de gerenciamento dedicada para fazer login na interface do comutador digitando o endereço IP do comutador na barra de endereços do navegador.
• Inicie a sessão utilizando o nome de utilizador e a palavra-passe predefinidos fornecidos pelo fabricante.

Configuração inicial:

• Configurar definições básicas de rede, como endereços IP e VLANs, se necessário.

• Configure as definições das portas e a agregação de ligações, se necessário.

Configuração avançada:

• Configure o QoS para dar prioridade ao tráfego de rede para aplicações críticas.

• Configure VLANs para segmentar o tráfego de rede para diferentes grupos de utilizadores ou departamentos.

• Ativar a monitorização e o registo da rede para acompanhar o desempenho da rede e resolver problemas.
• Atualize o firmware do switch para garantir que ele tenha os patches de segurança e os recursos mais recentes.

Cubos

Configuração física:

• Ligue os dispositivos ao hub utilizando cabos Ethernet.

Limitações:

• Os hubs não requerem configuração, uma vez que funcionam de forma passiva.

• Devido à sua natureza de difusão e à falta de funcionalidades avançadas, os hubs são normalmente utilizados em redes muito pequenas ou temporárias.

Configuração física dos modems:
• Ligue o modem à tomada do ISP (por exemplo, tomada de telefone, tomada de cabo) utilizando o cabo adequado.
• Ligue o modem ao router se for um modem autónomo.

Aceder à interface do modem:

• Utilize um browser da Web para iniciar sessão na interface baseada na Web do modem, introduzindo o endereço IP do modem na barra de endereços do browser.
• Inicie a sessão utilizando o nome de utilizador e a palavra-passe predefinidos fornecidos pelo fabricante.

Configuração inicial:

• Configure o modem com as definições do ISP, incluindo as informações da conta e os parâmetros de ligação.
• Configure as definições de LAN (Local Area Network) do modem, como o intervalo de endereços IP e as definições de DHCP (Dynamic Host Configuration Protocol).

Configuração avançada:

• Se o modem incluir a funcionalidade de router, configure as definições de rede, os protocolos de segurança e outras funcionalidades.
• Configure o encaminhamento de porta e as definições de DMZ (Zona Desmilitarizada), se necessário.

• Actualize o firmware do modem para garantir que tem os patches de segurança e as funcionalidades mais recentes.

Pontos de acesso Configuração física:
• Ligue o ponto de acesso a um switch ou router utilizando um cabo Ethernet.

• Coloque o ponto de acesso numa localização central para garantir uma cobertura sem fios óptima.

Aceder à interface AP:
• Utilize um navegador Web para iniciar sessão na interface baseada na Web do ponto de acesso, introduzindo o endereço IP do AP na barra de endereços do navegador.
• Inicie a sessão utilizando o nome de utilizador e a palavra-passe predefinidos fornecidos pelo fabricante.

Configuração inicial:

• Configure o ponto de acesso com definições básicas, tais como o nome da rede (SSID), a palavra-passe e os protocolos de segurança (por exemplo, WPA2).

• Configurar as definições LAN do AP, tais como o endereço IP e as definições DHCP.

Configuração avançada:

• Configure vários SSIDs, se necessário, para criar redes separadas para diferentes grupos de utilizadores.
• Configure o QoS para dar prioridade ao tráfego de rede para aplicações críticas.

• Configure uma rede em malha se estiver a utilizar vários pontos de acesso para alargar a cobertura sem fios.

• Actualize o firmware do ponto de acesso para garantir que tem os patches de segurança e as funcionalidades mais recentes.

Conclusão

O hardware de rede é a base de qualquer rede, fornecendo a infraestrutura necessária para a comunicação entre dispositivos. Compreender as funções, as características e a instalação e configuração adequadas de dispositivos essenciais, como routers, switches, hubs, modems e pontos de acesso, é crucial para conceber, implementar e manter redes eficientes e fiáveis.
Os routers direccionam o tráfego entre redes, utilizando funcionalidades avançadas como NAT, QoS e firewalls para melhorar a segurança e o desempenho. Os comutadores ligam vários dispositivos numa LAN, oferecendo capacidades avançadas em modelos geridos para maior controlo e flexibilidade. Os hubs fornecem conetividade básica para pequenas redes, enquanto os modems permitem o acesso à Internet através da conversão de dados digitais para transmissão através de vários meios. Os pontos de acesso alargam a cobertura sem fios, oferecendo funcionalidades como múltiplos SSID, protocolos de segurança e redes em malha. A instalação e configuração adequadas do hardware de rede são essenciais para garantir um desempenho e segurança óptimos. Seguindo as melhores práticas e mantendo o firmware atualizado, os administradores de rede podem criar redes robustas e eficientes que satisfazem as necessidades dos utilizadores e das aplicações.

CAPÍTULO 5

PROTOCOLOS DE REDE

Os protocolos de rede são essenciais para permitir a comunicação entre dispositivos numa rede. Eles definem regras e convenções para a troca de dados, garantindo que os dispositivos possam interagir de forma contínua e eficiente. Este capítulo aborda a definição e o papel dos protocolos de rede, explora protocolos comuns em detalhes e discute conjuntos de protocolos como TCP/IP e sua importância na comunicação de rede.

Definição e função dos protocolos de rede

Definição: Um protocolo de rede é um conjunto de regras e convenções que determinam a forma como os dados são transmitidos e recebidos através de uma rede. Estes protocolos garantem que os dispositivos podem comunicar eficazmente, independentemente das diferenças de hardware ou software subjacentes.

Função:

• **Facilitar a comunicação**: Os protocolos de rede permitem que os dispositivos troquem dados de forma fiável e eficiente. Estabelecem uma linguagem e um quadro comuns para o intercâmbio de dados.
• **Garantir a integridade dos dados**: Os protocolos incluem mecanismos de deteção e correção de erros, garantindo que os dados são transmitidos de forma precisa e fiável.
• **Reforço da segurança**: Muitos protocolos incorporam características de segurança, como a encriptação e a autenticação, para proteger os dados durante a transmissão[8].
• **Normalização das interacções**: Os protocolos normalizam as interacções entre dispositivos, permitindo a interoperabilidade entre diferentes fabricantes e plataformas.
• **Otimização do desempenho**: Os protocolos gerem o tráfego e os recursos da rede, optimizando o desempenho e assegurando uma utilização eficiente da infraestrutura de rede.

Protocolos de rede comuns

Esta secção fornece uma visão aprofundada dos protocolos de rede comuns, incluindo as suas funções, características e casos de utilização típicos.

HTTP (Hypertext Transfer Protocol):
• **Função**: O HTTP é um protocolo utilizado para a transmissão de hipertexto através da Internet. É a base da comunicação de dados para a World Wide Web.
• **Características**:

1. **Protocolo sem estado**: Cada pedido HTTP é independente e o servidor não retém informações sobre pedidos anteriores.

2. **Modelo Pedido-Resposta**: Os clientes (por exemplo, navegadores Web) enviam pedidos aos servidores, que respondem com os recursos solicitados (por exemplo, páginas HTML, imagens).

3. **Métodos**: Os métodos HTTP comuns incluem GET (recuperar dados), POST (submeter dados), PUT (atualizar dados), DELETE (remover dados), entre outros.

• **Casos de utilização**: O HTTP é utilizado para navegar em sítios Web, aceder a serviços Web e transferir conteúdos baseados na Web.

HTTPS (Hypertext Transfer Protocol Secure):

• **Função**: O HTTPS é uma extensão do HTTP que inclui características de segurança para proteger os dados durante a transmissão.

• **Características**:

1. **Encriptação**: O HTTPS utiliza SSL/TLS para encriptar os dados, garantindo a confidencialidade e protegendo contra escutas.

2. **Autenticação**: O HTTPS verifica a identidade do servidor, evitando ataques do tipo man-in-the-middle.

3. **Integridade dos dados**: o HTTPS garante que os dados não são alterados durante a transmissão.

• **Casos de utilização**: O HTTPS é utilizado para navegação segura na Web, transacções em linha e qualquer comunicação que exija proteção de dados.

FTP (Protocolo de Transferência de Ficheiros):

• **Função**: O FTP é um protocolo utilizado para a transferência de ficheiros entre um cliente e um servidor através de uma rede.

• **Características**:

1. **Orientado para a ligação**: O FTP estabelece uma ligação entre o cliente e o servidor antes de transferir ficheiros.

2. **Comandos e respostas**: O FTP utiliza uma série de comandos (por exemplo, LIST, RETR, STOR) e respostas para facilitar as operações com ficheiros.

3. **Modos**: O FTP funciona em modo ativo ou passivo, dependendo da forma como a ligação de dados é estabelecida.

4. **Autenticação**: O FTP pode utilizar o nome de utilizador e a palavra-passe para autenticação, embora o FTP anónimo permita o acesso sem credenciais.

• **Casos de utilização**: O FTP é utilizado para carregar e descarregar ficheiros, gerir o conteúdo de sítios Web e transferir grandes conjuntos de dados.

SMTP (Simple Mail Transfer Protocol):
• **Função**: O SMTP é um protocolo utilizado para enviar e encaminhar mensagens de correio eletrónico entre servidores de correio.
• **Características:**

1. **Protocolo de envio**: O SMTP envia o correio eletrónico do cliente para o servidor de correio e de um servidor de correio para outro.
2. **Comandos**: O SMTP utiliza comandos como HELO, MAIL FROM, RCPT TO, DATA e QUIT para facilitar a transmissão de correio eletrónico.
3. **Autenticação**: O SMTP pode utilizar mecanismos de autenticação para verificar a identidade do remetente e impedir o acesso não autorizado.
4. **Extensões**: O SMTP suporta extensões (por exemplo, STARTTLS, ESMTP) para melhorar a funcionalidade e a segurança.

• **Casos de utilização**: O SMTP é utilizado para enviar mensagens de correio eletrónico de clientes para servidores de correio eletrónico e entre servidores de correio eletrónico para entrega de correio eletrónico.

POP3 (Protocolo dos Correios Versão 3)

• **Função**: O POP3 é um protocolo utilizado para recuperar correio eletrónico de um servidor de correio para um cliente.

• **Características:**
1. **Descarregar e eliminar**: Normalmente, o POP3 descarrega as mensagens de correio eletrónico para o cliente e elimina-as do servidor, embora algumas implementações permitam deixar cópias no servidor.
2. **Comandos simples**: O POP3 utiliza comandos como USER, PASS, LIST, RETR, DELE e QUIT para gerir a recuperação de correio eletrónico.
3. **Baseadas em sessões**: As sessões POP3 começam com a autenticação e terminam com a recuperação e eliminação do correio eletrónico.

• **Casos de utilização**: O POP3 é utilizado para recuperar mensagens de correio eletrónico para um cliente local para acesso offline e gerir o armazenamento de mensagens de correio eletrónico no lado do cliente.

IMAP (Internet Message Access Protocol):

• **Função**: O IMAP é um protocolo utilizado para aceder e gerir mensagens de correio eletrónico num servidor de correio.

• Características:

o **Armazenamento baseado no servidor**: O IMAP mantém os e-mails no servidor, permitindo o acesso a partir de vários clientes e mantendo a sincronização.

o **Comandos avançados**: O IMAP suporta comandos como SELECT, FETCH, STORE e SEARCH para gerir e manipular mensagens de correio eletrónico e pastas.

o **Obtenção parcial**: O IMAP permite a obtenção parcial de mensagens, útil para recuperar cabeçalhos ou partes específicas de mensagens de correio eletrónico.

o **Acesso simultâneo**: O IMAP suporta o acesso simultâneo de vários clientes, tornando-o adequado para o acesso a correio eletrónico em vários dispositivos.

• Casos de utilização: O IMAP é utilizado para gerir e-mails no servidor, permitindo a sincronização entre vários dispositivos e fornecendo funcionalidades avançadas de gestão de e-mails.

• DNS (Sistema de Nomes de Domínio):

• Função: O DNS é um protocolo utilizado para traduzir nomes de domínio legíveis por humanos (por exemplo, www.example.com) em endereços IP (por exemplo, 192.168.1.1).

• Características:

i. **Estrutura hierárquica**: O DNS tem uma estrutura hierárquica com servidores de raiz, domínios de topo (TLDs) e servidores de nomes autorizados.

ii. **Registos de recursos**: O DNS utiliza registos de recursos (por exemplo, A, AAAA, CNAME, MX, TXT) para armazenar diferentes tipos de informação.

iii. **Armazenamento em cache**: o armazenamento em cache do DNS melhora o desempenho armazenando resultados de consultas recentes para reduzir os tempos de pesquisa.

iv. **Transferências de zona**: O DNS suporta transferências de zona (AXFR, IXFR) para replicar informações de DNS entre servidores.

• Casos de utilização: O DNS é utilizado para resolver nomes de domínio para endereços IP, direcionar o tráfego da Internet e gerir informações de domínio.

Conjuntos de protocolos

Um conjunto de protocolos é um conjunto de protocolos relacionados que funcionam em conjunto para fornecer serviços de comunicação de rede abrangentes. O conjunto de protocolos mais conhecido e utilizado é o conjunto TCP/IP, que está na base da Internet e da maioria das redes modernas.

TCP/IP (Protocolo de Controlo de Transmissão/Protocolo de Internet) Suite TCP/IP:
• Função: O conjunto TCP/IP constitui a base da comunicação na Internet, englobando uma série de protocolos para vários aspectos da transmissão de dados.
• Camadas: O conjunto TCP/IP está organizado em quatro camadas: Ligação, Internet, Transporte e Aplicação.

Camada de ligação:

• **Função**: A camada de ligação trata do hardware físico da rede e das funções de ligação de dados necessárias para aceder ao meio físico.
• **Protocolos**: Os protocolos comuns nesta camada incluem Ethernet, Wi-Fi (IEEE 802.11), ARP (Address Resolution Protocol) e PPP (Point-to-Point Protocol).

Camada de Internet:
• **Função**: O nível Internet é responsável pelo endereçamento, encaminhamento e empacotamento de dados para transmissão através dos limites da rede.
• **Protocolos**: Os principais protocolos incluem o IP (Internet Protocol), o ICMP (Internet Control Message Protocol) e o IGMP (Internet Group Management Protocol).

Camada de transporte:

• **Função**: A camada de transporte fornece serviços de comunicação de extremo a extremo para as aplicações, incluindo a recuperação de erros e o controlo do fluxo.
• **Protocolos**: Os protocolos principais são o TCP (Transmission Control Protocol) e o UDP (User Datagram Protocol).

Camada de aplicação:

• **Função**: A camada de aplicação inclui protocolos utilizados pelas aplicações para comunicar através da rede.
• **Protocolos**: Os protocolos comuns incluem HTTP/HTTPS, FTP, SMTP, POP3, IMAP, DNS e muitos outros.

Importância:

• **Normalização**: O conjunto TCP/IP fornece uma estrutura normalizada para o desenvolvimento e implementação de protocolos de rede, garantindo a interoperabilidade entre diferentes sistemas e plataformas.
• **Escalabilidade**: O TCP/IP é altamente escalável, capaz de suportar pequenas redes locais, bem como a Internet global.
• **Flexibilidade**: A suite inclui uma vasta gama de protocolos que respondem a diferentes tipos de necessidades de comunicação, desde a transferência de ficheiros ao correio eletrónico e à navegação na Web.
• **Fiabilidade**: Os protocolos TCP/IP incorporam funcionalidades para deteção e correção de erros e transmissão fiável de dados, assegurando uma comunicação robusta.
• **Segurança**: O conjunto inclui protocolos com funcionalidades de segurança incorporadas, como HTTPS para comunicação segura na Web e IPSec para comunicação IP segura.

Exploração aprofundada de protocolos comuns

Agora, vamos explorar cada um dos protocolos de rede comuns em maior detalhe, examinando as suas operações, configurações típicas e aplicações práticas.

HTTP/HTTPS HTTP:

• **Funcionamento**: O HTTP funciona como um protocolo de pedido-resposta entre um cliente (normalmente um navegador Web) e um servidor (normalmente um servidor Web). Quando um cliente solicita um recurso (por exemplo, uma página Web), o servidor responde com o recurso solicitado.

• **Configuração**: Os servidores HTTP podem ser configurados para lidar com vários tipos de conteúdo, suportar vários domínios (alojamento virtual) e implementar controlos de acesso. Os ficheiros de configuração (por exemplo, o httpd.conf do Apache) permitem aos administradores personalizar o comportamento do servidor.

• **Aplicações**: O HTTP é utilizado para aceder a sítios Web, descarregar ficheiros, enviar formulários e interagir com serviços Web.

HTTPS:

• **Funcionamento**: O HTTPS funciona de forma semelhante ao HTTP, mas inclui a encriptação SSL/TLS para proteger os dados. O cliente e o servidor executam um aperto de mão para estabelecer uma ligação encriptada antes da troca de dados.

• **Configuração**: A configuração do HTTPS envolve a obtenção e instalação de um certificado SSL/TLS de uma autoridade de certificação (CA) fiável, a configuração do servidor Web para utilizar o certificado e a imposição de ligações HTTPS.

• **Aplicações**: O HTTPS é utilizado para navegação segura na Web, serviços bancários em linha, comércio eletrónico e qualquer aplicação em que a segurança dos dados seja fundamental.

FTP

Funcionamento: O FTP estabelece uma ligação de controlo entre o cliente e o servidor para enviar comandos e respostas. As ligações de dados são utilizadas para a transferência de ficheiros. O FTP pode funcionar em modo ativo ou passivo, afectando a forma como a ligação de dados é estabelecida.

• **Modo ativo**: O cliente abre uma porta e espera que o servidor se ligue a ela para transferir dados.

• **Modo passivo**: O servidor abre uma porta e aguarda que o cliente se ligue a ele para transferir dados.

• **Configuração**: Os servidores FTP são configurados para definir os controlos de acesso dos utilizadores, as permissões de diretório e as definições de ligação. O software comum de servidor FTP inclui vsftpd, ProFTPD e FileZilla Server.

• **Aplicações**: O FTP é utilizado para manutenção de sítios Web, cópias de segurança de dados e transferências de ficheiros de grandes dimensões.

SMTP

Funcionamento: O SMTP funciona como um protocolo push, enviando mensagens de correio eletrónico de clientes para servidores de correio e entre servidores de correio. Utiliza uma série de comandos e respostas para facilitar a transmissão de correio eletrónico.

• **Configuração**: Os servidores SMTP são configurados com definições de domínio, controlos de retransmissão, mecanismos de autenticação e filtragem de spam. O software comum de servidor SMTP inclui o Postfix, o Sendmail e o Microsoft Exchange.
• **Aplicações**: O SMTP é utilizado para enviar mensagens de correio eletrónico de clientes para servidores, entre servidores de correio eletrónico e para notificações automáticas por correio eletrónico.

POP3

Funcionamento: O POP3 recupera mensagens de correio eletrónico de um servidor de correio para um cliente. Normalmente, funciona em modo de descarregamento e eliminação, em que os e-mails são descarregados para o cliente e eliminados do servidor.

• **Configuração**: Os servidores POP3 são configurados com autenticação de utilizador, definições de caixa de correio e controlos de ligação. O software de servidor POP3 comum inclui o Dovecot e o Courier.
• **Aplicações**: O POP3 é utilizado para recuperar mensagens de correio eletrónico para um cliente local para acesso offline e gerir o armazenamento de correio eletrónico no lado do cliente.

IMAP

Funcionamento: O IMAP permite aos clientes aceder e gerir mensagens de correio eletrónico armazenadas num servidor de correio. Suporta várias pastas, acesso simultâneo e obtenção parcial de mensagens.
• **Configuração**: Os servidores IMAP são configurados com autenticação de utilizador, definições de pastas e controlos de ligação. O software de servidor IMAP comum inclui o Dovecot e o Cyrus IMAP.
• **Aplicações**: O IMAP é utilizado para gerir e-mails no servidor, permitindo a sincronização entre vários dispositivos e fornecendo funcionalidades avançadas de gestão de e-mails.

DNS

Funcionamento: O DNS resolve nomes de domínio para endereços IP utilizando uma estrutura hierárquica de servidores de raiz, servidores TLD e servidores de nomes autoritativos. Os clientes consultam os servidores DNS para obter o endereço IP associado a um nome de domínio.

• **Configuração**: Os servidores DNS são configurados com ficheiros de zona que definem registos de recursos para domínios. O software comum de servidor DNS inclui BIND, Microsoft DNS e Power DNS.

• **Aplicações**: O DNS é utilizado para resolver nomes de domínio, direcionar o tráfego da Internet e gerir informações de domínio.

Conjuntos de protocolos

Esta secção aborda o significado e os pormenores dos conjuntos de protocolos, centrando-se no conjunto TCP/IP e na sua importância na comunicação em rede.

TCP/IP Suite Link Layer:

• **Ethernet**: Define a forma como os dados são formatados e transmitidos através de uma rede local. Inclui especificações para cablagem, sinalização e quadros de dados.

• **Wi-Fi (IEEE 802.11)**: Define a forma como os dados são transmitidos através de redes sem fios, incluindo especificações para frequências de rádio, encriptação e quadros de dados.

• **ARP (Protocolo de resolução de endereços)**: Resolve endereços IP para endereços MAC, permitindo que os dispositivos comuniquem dentro de uma rede local.

• **PPP (Protocolo Ponto-a-Ponto)**: Estabelece ligações directas entre dois nós de rede, sendo frequentemente utilizado para ligações dial-up e VPN.

Camada de Internet:

• **IP (Internet Protocol)**: Fornece funções de endereçamento e encaminhamento para entregar pacotes da origem ao destino em várias redes.

1. **IPv4**: A versão mais utilizada, que utiliza endereços de 32 bits.

2. **IPv6**: A versão mais recente, que utiliza endereços de 128 bits para acomodar o número crescente de dispositivos ligados à Internet.

• **ICMP (Internet Control Message Protocol)**: Utilizado para mensagens de erro e informações operacionais, como o ping e o traceroute.

• **IGMP (Internet Group Management Protocol)**: Gere os membros de grupos multicast, permitindo a entrega eficiente de tráfego multicast.

Camada de transporte:

• **TCP (Protocolo de Controlo de Transmissão)**: Proporciona uma comunicação fiável e orientada para a ligação. Garante que os dados são entregues com precisão e em ordem.

1. **Características**: Controlo de fluxo, deteção de erros, retransmissão de pacotes perdidos e

controlo de congestionamento.

2. **Casos de utilização**: Navegação na Web (HTTP/HTTPS), correio eletrónico (SMTP, IMAP, POP3), transferência de ficheiros (FTP).

• **UDP (Protocolo de Datagrama do Utilizador)**: Fornece comunicação sem ligação com um mínimo de sobrecarga. É adequado para aplicações que requerem uma transmissão rápida e eficiente.

1. **Características**: Sem recuperação de erros, sem garantia de entrega, sem preservação da encomenda.

2. **Casos de utilização**: Aplicações em tempo real (VoIP, transmissão de vídeo), consultas de DNS.

Camada de aplicação:

• **HTTP/HTTPS**: Protocolos de comunicação Web para acesso e transferência de conteúdos Web.

• **FTP**: Protocolo para a transferência de ficheiros entre clientes e servidores.

• **SMTP**: Protocolo para o envio de mensagens de correio eletrónico.

• **POP3**: Protocolo para recuperar mensagens de correio eletrónico de um servidor.

• **IMAP**: Protocolo para aceder e gerir mensagens de correio eletrónico num servidor.

• **DNS**: Protocolo de resolução de nomes de domínio para endereços IP.

Importância do conjunto TCP/IP:

• **Fundação da Internet**: O TCP/IP é o conjunto de protocolos fundamental para a Internet, permitindo a comunicação global e o intercâmbio de dados.

• **Interoperabilidade**: A normalização da suite assegura a interoperabilidade entre diferentes sistemas de hardware e software, permitindo que diversos dispositivos comuniquem sem problemas.

• **Escalabilidade**: A estrutura hierárquica do TCP/IP e os esquemas de endereçamento flexíveis apoiam o crescimento e a escalabilidade da Internet.

• **Fiabilidade**: Os protocolos do conjunto incluem mecanismos para uma transmissão de dados fiável, deteção e correção de erros, assegurando uma comunicação robusta.

• **Segurança**: Os protocolos de segurança do conjunto, como o HTTPS e o IPSec, fornecem encriptação e autenticação de dados, protegendo os dados durante a transmissão.

Conclusão

Os protocolos de rede são a espinha dorsal da comunicação moderna, definindo as regras e convenções para a troca de dados entre dispositivos. Desde os protocolos HTTP/HTTPS fundamentais para a comunicação na Web até o conjunto TCP/IP essencial que sustenta a Internet, a compreensão desses protocolos é crucial para o projeto, a implementação e o gerenciamento da rede. Este capítulo explorou a definição e o papel dos protocolos de rede, fornecendo uma visão aprofundada de protocolos comuns, como HTTP/HTTPS, FTP, SMTP, POP3, IMAP e DNS. Também discutiu a importância dos conjuntos de protocolos, com foco no conjunto TCP/IP e suas camadas.

Ao compreender as funções, características e configurações destes protocolos, os administradores e engenheiros de rede podem conceber redes eficientes, fiáveis e seguras que satisfaçam as necessidades dos utilizadores e das aplicações.

CAPÍTULO 6
REDE SEM FIOS

As redes sem fios revolucionaram a forma como nos ligamos à Internet e comunicamos uns com os outros. Ao contrário das redes com fio que dependem de cabos físicos, as redes sem fio usam ondas de rádio para transmitir dados, oferecendo maior flexibilidade, mobilidade e conveniência. Este capítulo apresenta os fundamentos das redes sem fio, explora a evolução dos padrões Wi-Fi e se aprofunda nos protocolos de segurança essenciais para proteger as comunicações sem fio.

Introdução às redes sem fios

As redes sem fios envolvem a utilização de sinais de radiofrequência (RF) para ligar dispositivos como computadores, smartphones e tablets a uma rede e à Internet. A ausência de cabos físicos torna as redes sem fios particularmente vantajosas em vários ambientes, incluindo casas, escritórios, espaços públicos e ambientes industriais.

Vantagens das redes sem fios:

• **Mobilidade**: Os utilizadores podem deslocar-se livremente dentro da área de cobertura mantendo uma ligação à rede, o que é essencial para dispositivos como computadores portáteis, tablets e smartphones.
• **Flexibilidade**: As redes sem fios são mais fáceis de instalar e reconfigurar do que as redes com fios, o que as torna ideais para configurações temporárias ou ambientes em que a instalação de cabos não é prática.
• **Escalabilidade**: A adição de novos dispositivos a uma rede sem fios é simples, muitas vezes sem necessidade de cablagem adicional ou alterações na infraestrutura.
• **Económica**: A redução da necessidade de cablagem física pode diminuir os custos de instalação e manutenção.

Componentes de redes sem fios:

• **Pontos de acesso sem fios (APs)**: Dispositivos que permitem que os dispositivos sem fios se liguem a uma rede com fios através de Wi-Fi. Os APs são frequentemente integrados em routers, mas também podem ser dispositivos autónomos.
• **Clientes sem fios**: Dispositivos como computadores portáteis, smartphones, tablets e dispositivos IoT que se ligam à rede através de Wi-Fi.
• **Controladores sem fios**: Dispositivos de gestão centralizada que controlam vários APs, normalmente utilizados em redes empresariais de maior dimensão para simplificar a configuração e a gestão.
• **Antenas**: Utilizadas para transmitir e receber sinais de RF. As antenas podem ser internas ou externas, omnidireccionais ou direccionais, dependendo dos requisitos de cobertura.

Normas Wi-Fi

Wi-Fi, uma marca registada da Wi-Fi Alliance, refere-se à família de tecnologias de rede sem fios baseadas nas normas IEEE 802.11. Estas normas evoluíram ao longo dos anos para oferecer um melhor desempenho, alcance e capacidades[9].

Visão geral das normas 802.11

802.11 (Legado):

• **Introdução**: A norma 802.11 original, lançada em 1997, suportava débitos de dados até 2 Mbps na banda de 2,4 GHz.
• **Limitações**: Devido à sua baixa taxa de dados e alcance limitado, o 802.11 foi rapidamente sucedido por normas mais avançadas.

802.11b:

• **Introdução**: Lançado em 1999, o 802.11b funciona na banda de 2,4 GHz e suporta débitos de dados até 11 Mbps.
• **Características:**

i. **Alcance**: Bom alcance em interiores, suscetível a interferências de dispositivos como micro-ondas e telefones sem fios.
ii. **Compatibilidade**: Retrocompatível com 802.11.

802.11a:

• **Introdução**: Também lançado em 1999, o 802.11a funciona na banda de 5 GHz e suporta débitos de dados até 54 Mbps.
• **Características:**
a. **Desempenho**: Taxas de dados mais elevadas e menos interferências em comparação com o 802.11b.

b. **Alcance**: Alcance mais curto em comparação com o 802.11b devido à frequência mais elevada.

ii. **802.11g:**

• **Introdução**: Lançado em 2003, o 802.11g funciona na banda de 2,4 GHz e suporta velocidades de dados até 54 Mbps.
• **Características:**
i. **Compatibilidade**: Retrocompatível com 802.11b.

ii. **Desempenho**: Combina o alcance do 802.11b com a velocidade do 802.11a.

802.11n:

• **Introdução**: Lançado em 2009, o 802.11n funciona nas bandas de 2,4 GHz e 5 GHz e suporta velocidades de dados até 600 Mbps.
• **Características**:

i. **MIMO (Multiple Input Multiple Output)**: Utiliza várias antenas para transmitir e receber dados, melhorando o desempenho e o alcance.
ii. **Ligação de canais**: Combina dois canais de 20 MHz para criar um canal de 40 MHz, aumentando o débito de dados.

802.11ac:

• **Introdução**: Lançado em 2013, o 802.11ac funciona na banda de 5 GHz e suporta velocidades de dados até 1,3 Gbps (na Onda 1) e superiores a 6 Gbps (na Onda 2).
• **Características**:

i. **MU-MIMO (MIMO multiutilizador)**: Suporta a comunicação simultânea com vários dispositivos.
ii. **Formação de feixes**: Direcciona os sinais para dispositivos específicos, melhorando o alcance e o desempenho.
iii. **Largura do canal**: Utiliza canais de 80 MHz e 160 MHz para um maior débito de dados.
802.11ax (Wi-Fi 6):

• **Introdução**: Lançado em 2019, o 802.11ax funciona nas bandas de 2,4 GHz e 5 GHz e suporta taxas de dados até 9,6 Gbps.
• **Características**:

i. **OFDMA (Acesso Múltiplo por Divisão de Frequência Ortogonal)**: Divide os canais em subcanais mais pequenos, permitindo a transmissão simultânea de vários dispositivos.
ii. **Coloração BSS**: Reduz a interferência marcando pacotes de diferentes redes.
iii. **Target Wake Time (TWT)**: Melhora a duração da bateria dos dispositivos através da programação das transmissões.

802.11be (Wi-Fi 7):

• **Introdução**: Previsto para ser lançado em meados da década de 2020, o 802.11be tem como objetivo funcionar nas bandas de 2,4 GHz, 5 GHz e 6 GHz, suportando débitos de dados até 30 Gbps.

• **Características**:

i.**Maior largura de canal**: Utiliza até 320 MHz de canais.

ii. **MIMO melhorado**: Suporta até 16 fluxos espaciais.

iii.**OFDMA melhorado**: Aperfeiçoa ainda mais a eficiência do acesso ao canal.

Exame pormenorizado das normas Wi-Fi 802.11b:
• **Especificações técnicas**:

i.**Banda de frequência**: 2,4 GHz

ii. **Técnicas de modulação**: DSSS (Direct Sequence Spread Spectrum), CCK (Complementary Code Keying)
iii.**Taxas de dados**: 1, 2, 5,5, 11 Mbps

iv. **Alcance**: Até 140 metros (exterior), 35 metros (interior)

• **Casos de utilização**: Ideal para pequenas redes domésticas e aplicações iniciais de redes sem fios.
802.11a:

• **Especificações técnicas**:

i.**Banda de frequência**: 5 GHz

ii. **Técnicas de modulação**: OFDM (Orthogonal Frequency Division Multiplexing)
iii.**Taxas de dados**: 6, 9, 12, 18, 24, 36, 48, 54 Mbps

iv. **Alcance**: Até 120 metros (exterior), 30 metros (interior)

• **Casos de utilização**: Adequado para ambientes que exigem taxas de dados mais altas e menos interferência, como redes empresariais.

802.11g:

• **Especificações técnicas**:

i.**Banda de frequência**: 2,4 GHz

ii. **Técnicas de modulação**: OFDM, DSSS, CCK

iii.**Taxas de dados**: 1, 2, 5,5, 6, 9, 11, 12, 18, 24, 36, 48, 54 Mbps

iv. **Alcance**: Até 140 metros (exterior), 35 metros (interior)

• **Casos de utilização**: Combina o melhor do 802.11a e do 802.11b, tornando-o popular para redes domésticas e de pequenas empresas.

802.11n:

• **Especificações técnicas**:

i. **Bandas de frequência**: 2,4 GHz, 5 GHz

ii. **Técnicas de modulação**: OFDM, DSSS

iii. **Taxas de dados**: Até 600 Mbps com MIMO

iv. **Alcance**: Até 250 metros (exterior), 70 metros (interior)

• **Casos de utilização**: Amplamente utilizado em redes domésticas, comerciais e empresariais devido ao seu melhor desempenho e alcance.

802.11ac:

• **Especificações técnicas**:

i. **Banda de frequência**: 5 GHz

ii. **Técnicas de modulação**: OFDM

iii. **Taxas de dados**: Até 1,3 Gbps (Onda 1), para além de 6 Gbps (Onda 2)

iv. **Alcance**: Até 250 metros (exterior), 70 metros (interior)

• **Casos de utilização**: Ideal para ambientes de alta densidade, como edifícios de escritórios, aeroportos e espaços públicos.

802.11ax:

• **Especificações técnicas**:

i. **Bandas de frequência**: 2,4 GHz, 5 GHz

ii. **Técnicas de modulação**: OFDMA, Coloração BSS, TWT

iii. **Taxas de dados**: Até 9,6 Gbps

iv. **Alcance**: Até 300 metros (exterior), 90 metros (interior)

• **Casos de uso**: Adequado para aplicações de próxima geração, incluindo IoT, streaming 4K/8K e dispositivos domésticos inteligentes.

802.11be:

• **Especificações técnicas**:

i. **Bandas de frequência**: 2,4 GHz, 5 GHz, 6 GHz

ii. **Técnicas de modulação**: OFDMA melhorado, canais mais largos

iii. **Taxas de dados**: Até 30 Gbps

iv. **Alcance**: TBD

• **Casos de utilização**: Destina-se a preparar as redes sem fios para o futuro, para tecnologias emergentes e requisitos de largura de banda mais elevados.

Segurança em redes sem fios

A segurança é um aspeto crítico das redes sem fios. A natureza de difusão dos sinais sem fios torna-os susceptíveis de interceção e de acesso não autorizado. Para proteger as redes sem fios, foram desenvolvidos ao longo dos anos vários protocolos de segurança[10].

Descrição geral do WEP (Wired Equivalent Privacy):
• **Introdução**: O WEP foi introduzido como parte da norma 802.11 original em 1997.

• **Objetivo**: Concebido para proporcionar um nível de segurança comparável ao das redes com fios, encriptando os dados transmitidos por Wi-Fi.

Mecanismo:

• **Encriptação**: Utiliza a cifra de fluxo RC4 para encriptação.

• **Comprimento da chave**: Suporta chaves de 40 bits e 104 bits, frequentemente referidas como chaves de 64 bits e 128 bits quando inclui o vetor de inicialização (IV) de 24 bits.
• **Autenticação**: Implementa a autenticação de sistema aberto e a autenticação de chave partilhada.

Pontos fracos:

• **Reutilização do IV**: O IV de 24 bits é demasiado curto, o que leva a uma reutilização frequente e facilita a d e c i f r a ç ã o   da encriptação por parte dos atacantes.
• **Vulnerabilidades do RC4**: As deficiências no algoritmo RC4 permitem recuperar a chave

de encriptação.
• **Chaves estáticas**: As chaves WEP são normalmente estáticas e configuradas manualmente, aumentando o risco de comprometimento da chave.

Legado:

• **Substituição**: Devido às suas vulnerabilidades, o WEP foi substituído por protocolos mais seguros, como o WPA e o WPA2.
• **Utilização**: O WEP é considerado obsoleto e não deve ser utilizado em redes modernas.
WPA (Wi-Fi Protected Access) Descrição geral:
• **Introdução**: O WPA foi introduzido em 2003 como uma solução provisória para resolver os pontos fracos do WEP enquanto o IEEE desenvolvia a norma 802.11i (que se tornou no WPA2).
• **Objetivo**: Aumenta a segurança utilizando o TKIP (Temporal Key Integrity Protocol) e melhorando a gestão das chaves.

Mecanismo:

• **Encriptação**: Usa TKIP para envolver a cifra RC4, adicionando mecanismos para evitar a reutilização de IV e melhorar a mistura de chaves.
• **Gestão de chaves**: Introduz a gestão dinâmica de chaves, alterando automaticamente as chaves de encriptação.
• **Autenticação**: Suporta os modos de chave pré-partilhada (PSK) e empresarial (802.1X/EAP).

Melhorias em relação ao WEP:

• **Tratamento de IV**: O TKIP inclui uma função de mistura de chaves por pacote para gerar chaves de encriptação únicas para cada pacote.
• **Integridade da mensagem**: Implementa uma verificação da integridade da mensagem (MIC) para proteção contra a adulteração de pacotes.
• **Rotação de chaves**: Altera dinamicamente as chaves de encriptação para aumentar a segurança.

Pontos fracos:

• **Vulnerabilidades do TKIP**: Embora mais seguro do que o WEP, o TKIP tem vulnerabilidades conhecidas e é menos seguro do que o AES (utilizado no WPA2).

Legado:

• **Substituição**: O WPA2, com a sua encriptação e características de segurança mais fortes, substituiu largamente o WPA.
• **Utilização**: O WPA é considerado desatualizado, mas ainda pode ser utilizado em ambientes em que o hardware não suporta o WPA2.

WPA2 (Wi-Fi Protected Access II) Descrição geral:
• **Introdução**: O WPA2 foi introduzido em 2004 como parte da norma 802.11i, fornecendo mecanismos de segurança mais fortes do que o WPA.
• **Objetivo**: Aumenta a segurança através da utilização de AES (Advanced Encryption Standard) e de métodos de autenticação robustos.

Mecanismo:

• **Encriptação**: Utiliza AES em modo de contador com protocolo de código de autenticação de mensagens de encadeamento de blocos de cifras (CCMP).
• **Gestão de chaves**: Suporta a gestão dinâmica de chaves com um tratamento melhorado das chaves de encriptação.
• **Autenticação**: Suporta os modos de chave pré-partilhada (PSK) e empresarial (802.1X/EAP).

Melhorias em relação à WPA:

• **Encriptação mais forte**: O AES é uma norma de encriptação mais segura e eficiente do que o RC4/TKIP.
• **Integridade melhorada**: O CCMP oferece integridade e confidencialidade robustas das mensagens.

Características de segurança:

• **Armazenamento em cache de chaves**: Permite que os clientes armazenem em cache a PMK (Pairwise Master Key) para uma reconexão mais rápida à mesma rede.
• **Pré-autenticação**: Permite que os clientes se autentiquem com vários APs antes do roaming, reduzindo a latência.

Pontos fracos:

• **Falhas de implementação**: Vulnerabilidades como o ataque KRACK exploram falhas no processo de handshake do WPA2, salientando a necessidade de uma implementação segura e de actualizações regulares.

Legado:

• **Norma atual**: O WPA2 continua a ser a norma para comunicações Wi-Fi seguras, mas o WPA3 está a emergir como o sucessor.
• **Utilização**: O WPA2 é amplamente utilizado em redes domésticas e empresariais devido às suas características de segurança robustas.

WPA3 (Wi-Fi Protected Access III) Descrição geral:
• **Introdução**: O WPA3 foi introduzido em 2018 para resolver as vulnerabilidades do WPA2 e fornecer recursos de segurança aprimorados.
• **Objetivo**: Reforçar a segurança através de uma melhor encriptação, autenticação e proteção contra ataques.

Mecanismo:

• **Encriptação**: Utiliza AES com GCMP (Galois/Counter Mode Protocol) e fornece métodos de encriptação mais fortes.
• **Gestão de chaves**: Implementa a Autenticação Simultânea de Iguais (SAE) para uma troca de chaves mais segura.
• **Autenticação**: Suporta os modos pessoal (chave pré-partilhada) e empresarial.

Melhorias em relação ao WPA2:

• **SAE (Autenticação simultânea de iguais)**: Substitui o PSK por um protocolo de troca de chaves mais seguro, resistente a ataques de dicionário offline.
• **Sigilo de encaminhamento**: Garante que as chaves de sessão são únicas e não derivam de chaves estáticas, aumentando a privacidade.
• **Quadros de gestão protegidos (PMF)**: Obriga a utilização de PMF para proteção contra ataques de des-autenticação e desassociação.

Características de segurança:

• **Ligação fácil**: Simplifica o processo de ligação de dispositivos IoT com uma configuração baseada em códigos QR.
• **Enhanced Open**: Introduz a encriptação sem fios oportunista (OWE) para proteger redes Wi-Fi abertas sem necessidade de uma palavra-passe.

Pontos fracos:

• **Adoção**: A transição para o WPA3 requer actualizações tanto para o cliente como para a infraestrutura de rede, o que pode ser lento em alguns ambientes.

Futuro:

• **Norma emergente**: O WPA3 está destinado a tornar-se a norma para comunicações sem fios seguras, proporcionando uma segurança melhorada para redes modernas.

Conclusão

As redes sem fios transformaram a forma como nos ligamos e comunicamos, oferecendo uma mobilidade e flexibilidade sem paralelo. Compreender a evolução das normas Wi-Fi, desde o 802.11 original até ao 802.11ax avançado, é crucial para tirar partido de todo o potencial das tecnologias sem fios. Igualmente importante é a implementação de protocolos de segurança robustos, como o WPA3, para proteger as redes sem fios contra ameaças e garantir uma comunicação segura. Ao compreender os fundamentos das redes sem fios, as diferenças entre as várias normas Wi-Fi e a importância dos protocolos de segurança, os administradores de rede e os engenheiros podem conceber e manter redes sem fios eficientes, seguras e preparadas para o futuro.

CAPÍTULO 7

SEGURANÇA DA REDE

A segurança das redes é um aspeto crucial da informática moderna, garantindo a confidencialidade, integridade e disponibilidade dos dados à medida que estes atravessam as várias redes. Com a crescente prevalência de ameaças cibernéticas, a proteção de redes contra acesso não autorizado, ataques e outras atividades maliciosas tornou-se fundamental. Este capítulo aborda os princípios fundamentais da segurança de rede, ameaças comuns, protocolos de segurança e práticas recomendadas para criar e manter redes seguras.

Introdução à segurança das redes

A segurança da rede engloba políticas, procedimentos e tecnologias concebidos para proteger os dados e os recursos de uma rede contra o acesso não autorizado, a utilização indevida ou o roubo. Envolve a implementação de medidas para detetar, prevenir e responder a violações de segurança, assegurando que as operações de rede permanecem seguras e ininterruptas[11].

Principais objectivos da segurança das redes:

• **Confidencialidade**: Assegurar que a informação sensível só é acessível a utilizadores autorizados.
• **Integridade**: Proteger os dados de serem alterados ou adulterados por entidades não autorizadas.
• **Disponibilidade**: Garantir que os serviços de rede estão acessíveis e funcionais para utilizadores autorizados quando necessário.
• **Autenticação**: Verificar a identidade dos utilizadores e dispositivos que tentam aceder à rede.
• **Autorização**: Concessão de permissões e direitos de acesso a utilizadores autenticados com base nas suas funções e responsabilidades.
• **Não-repúdio**: Assegurar que as acções e transacções podem ser rastreadas até às partes envolvidas, impedindo a negação de envolvimento.

Ameaças comuns à segurança da rede

Compreender as várias ameaças que as redes enfrentam é essencial para implementar medidas de segurança eficazes. Essas ameaças podem ser categorizadas em vários tipos:

1. **Malware**: O malware, ou software malicioso, engloba várias formas de software nocivo concebido para danificar, perturbar ou obter acesso não autorizado a sistemas e redes informáticas. Os tipos comuns de malware incluem:

• **Vírus**: Programas auto-replicantes que se ligam a ficheiros legítimos e se propagam a outros

sistemas
• **Worms**: Malware autónomo que se propaga através das redes explorando vulnerabilidades.
• **Cavalos de Troia**: Programas maliciosos disfarçados de software legítimo, que, uma vez executados, realizam acções prejudiciais.
• **Ransomware**: Malware que encripta dados e exige um resgate para a sua desencriptação.

• **Spyware**: Software que monitoriza e recolhe secretamente informações sobre as actividades dos utilizadores.
• **Adware**: Software indesejado que apresenta anúncios e pode recolher dados do utilizador.

2.   **Phishing**: Os ataques de phishing envolvem enganar os utilizadores para que divulguem informações sensíveis, como credenciais de início de sessão ou detalhes financeiros, fazendo-se passar por uma entidade de confiança. As formas mais comuns de phishing incluem:

• **Phishing de correio eletrónico**: mensagens de correio eletrónico enganadoras que parecem provir de fontes legítimas, contendo ligações ou anexos maliciosos.
• **Spear Phishing**: ataques de phishing direccionados para indivíduos ou organizações específicas, utilizando frequentemente informações personalizadas para aumentar a credibilidade.
• **Whaling**: Ataques de phishing de alto nível que visam executivos seniores ou indivíduos de alto perfil dentro de uma organização.

3.   **Ataques de negação de serviço (DoS)**: Os ataques DoS têm como objetivo perturbar o funcionamento normal de uma rede ou serviço, sobrecarregando-o com um fluxo de pedidos ilegítimos. As variantes incluem:

• **Negação de serviço distribuída (DDoS)**: Envolve vários sistemas comprometidos, muitas vezes formando uma botnet, para lançar ataques coordenados a um alvo.
• **Ping Flood**: Sobrecarrega um alvo com pacotes de pedido de eco ICMP.

• **Inundação SYN**: Explora o processo de handshake TCP para esgotar os recursos do servidor.

4.   **Ataques Man-in-the-Middle (MitM)**: Os ataques MitM ocorrem quando um atacante intercepta e potencialmente altera a comunicação entre duas partes sem o seu conhecimento. Os tipos de ataques MitM incluem:

• **Escuta**: Escutar comunicações não encriptadas para captar dados sensíveis.

• **Sequestro de sessão**: Assumir o controlo da sessão de um utilizador através da interceção de tokens de sessão.

• **Remoção de SSL**: Desclassificação de ligações HTTPS para HTTP para intercetar dados não encriptados.

5.   **Injeção de SQL**: A injeção de SQL envolve a inserção de código SQL malicioso nos campos de entrada da aplicação Web para manipular a base de dados e obter acesso não

autorizado aos dados. Este ataque explora vulnerabilidades no tratamento das entradas do utilizador por parte da aplicação.

6.   Cross-Site Scripting (XSS): Os ataques XSS injectam scripts maliciosos em páginas Web visualizadas por outros utilizadores. Estes scripts podem roubar cookies, tokens de sessão ou outras informações sensíveis. Os ataques XSS são classificados em três tipos:

• **XSS armazenado**: O script malicioso é armazenado permanentemente no servidor de destino.

• **XSS refletido**: O script é refletido a partir de um servidor Web na resposta.

• **XSS baseado em DOM**: O ataque é executado diretamente no browser do cliente, manipulando o ambiente DOM.

7.   Ameaças internas: As ameaças internas têm origem no interior da organização, onde os funcionários, contratantes ou parceiros comerciais utilizam indevidamente o seu acesso autorizado para prejudicar a organização. Estas ameaças podem ser intencionais (insiders maliciosos) ou não intencionais (insiders negligentes).

Protocolos e tecnologias de segurança

Para contrariar estas ameaças, foram desenvolvidos vários protocolos e tecnologias de segurança. Estes mecanismos ajudam a proteger os dados, a garantir uma comunicação segura e a autenticar utilizadores e dispositivos.

1.   Firewalls: As firewalls funcionam como uma barreira entre as redes internas fiáveis e as redes externas não fiáveis, como a Internet. Monitorizam e controlam o tráfego de entrada e saída da rede com base em regras de segurança pré-determinadas. Os tipos de firewalls incluem:
• **Firewalls de filtragem de pacotes**: Examina os pacotes e permite ou bloqueia-os com base nos endereços IP de origem/destino, números de porta e protocolos.
• **Firewalls de Inspeção Estatal**: Monitorizam o estado das ligações activas e tomam decisões com base no contexto do tráfego.
• **Firewalls de proxy**: Actuam como intermediários entre clientes e servidores, filtrando o tráfego na camada de aplicação.
• **Firewalls de próxima geração (NGFWs)**: Combinam capacidades tradicionais de firewall com funcionalidades avançadas, como inspeção profunda de pacotes, prevenção de intrusões e reconhecimento de aplicações.

2.Sistemas de deteção e prevenção de intrusões (IDPS): As tecnologias IDPS monitorizam o tráfego de rede para detetar actividades suspeitas e potenciais ameaças, fornecendo alertas e tomando medidas para bloquear ou atenuar os ataques. Os tipos de IDPS incluem:

• **IDPS baseado em rede (NIDPS)**: Monitoriza o tráfego de rede para detetar sinais de atividade maliciosa.

• **IDPS baseado em host (HIDPS)**: Monitoriza as actividades e o estado de anfitriões ou dispositivos individuais.

• **Deteção baseada em assinaturas**: Identifica ameaças conhecidas, comparando o tráfego de rede com uma base de dados de assinaturas.

• **Deteção baseada em anomalias**: Detecta comportamentos invulgares que se desviam das linhas de base estabelecidas.

3. Redes Privadas Virtuais (VPNs): As VPNs criam ligações seguras e encriptadas através de redes públicas, permitindo que os utilizadores remotos acedam aos recursos da rede interna de forma segura. Os tipos comuns de VPNs incluem:

• **VPN de acesso remoto**: Permite que utilizadores individuais se liguem a uma rede privada a partir de uma localização remota.

• **VPN site a site**: liga redes inteiras em locais diferentes, permitindo uma comunicação segura entre elas.

4. Encriptação: A encriptação transforma dados legíveis (texto simples) num formato ilegível (texto cifrado) para os proteger de um acesso não autorizado. Os principais tipos de encriptação incluem:

• **Encriptação simétrica**: Utiliza uma única chave para encriptação e desencriptação. Os algoritmos comuns incluem AES, DES e 3DES.

• **Encriptação assimétrica**: Utiliza um par de chaves (pública e privada) para encriptação e desencriptação. Os algoritmos comuns incluem RSA e ECC.

• **Hashing**: Converte dados num valor de hash de comprimento fixo, que é único para os dados de entrada. Os algoritmos comuns incluem SHA-256 e MD5.

5. Autenticação e controlo de acesso: Garantir que apenas os utilizadores e dispositivos autorizados podem aceder aos recursos da rede é vital para a segurança da rede. Os mecanismos comuns de autenticação e controlo de acesso incluem:

• **Palavras-passe e PINs**: Formas básicas de autenticação baseadas no conhecimento.

• **Autenticação de dois factores (2FA)**: Combina dois factores diferentes, como algo que sabe (palavra-passe) e algo que tem (smartphone).

• **Autenticação biométrica**: Utiliza características biológicas únicas, como impressões digitais, reconhecimento facial ou digitalizações da íris.

• **Listas de controlo de acesso (ACLs)**: Definir regras que determinam que utilizadores ou dispositivos têm permissão para aceder a recursos específicos.

• **Controlo de acesso baseado em funções (RBAC)**: Atribui direitos de acesso com base nas funções do utilizador dentro da organização.

6. Protocolos seguros: Os protocolos seguros asseguram a confidencialidade e a integridade dos dados durante a transmissão. Os protocolos seguros mais comuns incluem:

• **HTTPS (Hypertext Transfer Protocol Secure)**: Encripta o tráfego da Web utilizando SSL/TLS.

• **SSH (Secure Shell)**: Fornece acesso remoto seguro a dispositivos e servidores de rede.

• **FTPS e SFTP**: Versões seguras do FTP para transferência de ficheiros.

• **IPsec (Segurança do Protocolo Internet)**: Protege as comunicações IP através da autenticação e encriptação de cada pacote IP.

Melhores práticas para a segurança da rede A implementação das melhores práticas é essencial para criar e manter um ambiente de rede seguro. Estas práticas envolvem uma combinação de medidas técnicas, políticas e iniciativas de sensibilização dos utilizadores.

1. Atualizar e corrigir regularmente os sistemas:

• **Actualizações de software**: Assegurar que todos os sistemas operativos, aplicações e firmware são actualizados regularmente para resolver as vulnerabilidades conhecidas.

• **Gestão de patches**: Implementar um processo estruturado de gestão de patches para testar e implementar patches rapidamente.

2. Implementar controlos de acesso rigorosos:

• **Princípio do menor privilégio**: Conceder aos utilizadores e dispositivos o nível mínimo de acesso necessário para executarem as suas tarefas.

• **Autenticação multifactor (MFA)**: Utilize a MFA para adicionar uma camada extra de segurança para além das palavras-passe.

• **Auditorias regulares**: Efetuar revisões e auditorias regulares do acesso para garantir que os direitos de acesso permanecem adequados.

3. Utilizar encriptação:

• **Dados em repouso**: Encriptar dados sensíveis armazenados em dispositivos e servidores para os proteger de acessos não autorizados.

• **Dados em trânsito**: Utilize protocolos seguros como HTTPS, SSL/TLS e VPNs para encriptar os dados durante a transmissão.

4. Educar e formar os utilizadores:

• **Formação de sensibilização para a segurança**: Realizar sessões de formação regulares para educar os utilizadores sobre as melhores práticas de segurança, ataques de phishing e comportamentos seguros em linha.

• **Simulação de ataques de phishing**: Realizar ataques de phishing simulados para testar a sensibilização dos utilizadores e melhorar a sua capacidade de reconhecer e comunicar tentativas de phishing.

5. Implementar a segmentação da rede:

• **Segmentar redes**: Dividir a rede em segmentos mais pequenos com base na função, grupos de utilizadores ou requisitos de segurança para limitar a propagação de potenciais ameaças.
• **Utilizar VLANs (Virtual Local Area Networks)**: Implemente VLANs para criar redes logicamente separadas dentro da mesma infraestrutura física.

6. Monitorizar e registar a atividade da rede:

• **Monitorização da rede**: Utilizar ferramentas de monitorização da rede para observar continuamente o tráfego da rede e identificar actividades invulgares ou suspeitas.
• **Registo e análise**: Recolher e analisar registos de dispositivos de rede, servidores e aplicações para detetar e investigar incidentes de segurança.

7. Desenvolver e testar planos de resposta a incidentes:

• **Plano de resposta a incidentes**: Crie um plano abrangente de resposta a incidentes que descreva as medidas a tomar em caso de violação da segurança.
• **Exercícios regulares**: Efetuar regularmente exercícios e simulações para testar a eficácia do plano de resposta a incidentes e melhorar a prontidão.

8. Redes sem fios seguras:

• **Encriptação forte**: Utilize WPA3 para obter o nível mais elevado de segurança sem fios.

• **Alterar definições predefinidas**: Alterar SSIDs, palavras-passe e outras definições predefinidas em routers e pontos de acesso sem fios.
• **Desativar funcionalidades desnecessárias**: Desativar funcionalidades como o WPS (Wi-Fi Protected Setup) que podem introduzir vulnerabilidades.

9. Utilizar Firewalls e IDPS:
• **Implementar Firewalls**: Utilizar firewalls para controlar e monitorizar o tráfego de entrada e saída da rede com base em regras de segurança.
• **Deteção e prevenção de intrusões**: Implementar IDPS para detetar e responder a potenciais ameaças em tempo real.

10. Efetuar avaliações de segurança regulares:

• **Avaliações de vulnerabilidade**: Efetuar avaliações regulares das vulnerabilidades para identificar e resolver os pontos fracos da segurança na rede[12].
• **Testes de penetração**: Realizar testes de penetração para simular ataques e avaliar as defesas da rede.

Conclusão

A segurança de rede é uma disciplina multifacetada que requer uma abordagem abrangente para proteção contra uma vasta gama de ameaças. Ao compreenderem os princípios fundamentais da segurança de rede, reconhecerem as ameaças comuns, implementarem protocolos de segurança robustos e aderirem às melhores práticas, as organizações podem criar um ambiente de rede seguro que proteja os seus dados e recursos. Manter-se informado sobre as ameaças emergentes e atualizar continuamente as medidas de segurança é essencial para manter a integridade e a segurança das redes modernas. Através de um esforço diligente e de estratégias de segurança proactivas, as organizações podem mitigar os riscos e garantir o funcionamento seguro e eficiente das suas redes.

CAPÍTULO 8
GESTÃO DA REDE

O gerenciamento eficaz de rede é crucial para garantir que uma rede opere de forma eficiente, confiável e segura. Este capítulo explora os vários aspectos do gerenciamento de rede, incluindo monitoramento, solução de problemas e otimização de desempenho. Ao empregar as ferramentas, técnicas e práticas recomendadas corretas, os administradores de rede podem manter a integridade da rede, resolver rapidamente os problemas e melhorar o desempenho geral.

Monitorização da rede

A monitorização da rede é o processo de observação contínua do desempenho e da saúde da rede para identificar problemas, acompanhar as métricas de desempenho e garantir que a rede está a funcionar de forma óptima. Isto implica a utilização de várias ferramentas e técnicas para recolher e analisar dados sobre a atividade da rede.

Principais objectivos da monitorização da rede:

• **Monitorização do desempenho**: Acompanhamento de métricas como a utilização da largura de banda, a latência, o débito e as taxas de erro para garantir que a rede tem o desempenho esperado.

• **Monitorização da disponibilidade**: Assegurar que todos os dispositivos e serviços de rede estão operacionais e acessíveis.

• **Monitorização de falhas**: Detetar e diagnosticar prontamente problemas e falhas na rede.

• **Monitorização da segurança**: Identificar e responder às ameaças à segurança e vulnerabilidades.

Ferramentas de monitorização da rede: Existem inúmeras ferramentas disponíveis para a monitorização da rede, cada uma com o seu próprio conjunto de características e capacidades. Algumas das ferramentas mais usadas incluem:

1. Simple Network Management Protocol (SNMP): O SNMP é um protocolo normalizado utilizado para gestão e monitorização de redes. Permite que os dispositivos de rede, como routers, comutadores e servidores, comuniquem o seu estado e métricas de desempenho a um sistema de monitorização central. Os principais componentes do SNMP incluem:

• **Dispositivos geridos**: Dispositivos de rede que suportam SNMP e podem ser monitorizados.

• **Agentes**: Software executado em dispositivos geridos que recolhem e enviam dados para o gestor SNMP.

• **Gestor SNMP**: O sistema central que recolhe, analisa e apresenta dados de dispositivos geridos.

2. Monitores de desempenho de rede (NPMs): Os NPMs são ferramentas especializadas concebidas para monitorizar e analisar o desempenho da rede. Eles fornecem informações em tempo real sobre a integridade da rede e podem alertar os administradores sobre possíveis problemas. Os NPMs mais populares incluem:

• **SolarWinds Network Performance Monitor**: Oferece capacidades abrangentes de monitorização, alertas e relatórios para redes de todas as dimensões.
• **Paessler PRTG Network Monitor**: Fornece uma solução de monitorização unificada para vários aspectos da infraestrutura de TI, incluindo redes, servidores e aplicações.
• **Nagios**: Um sistema de monitoramento de código aberto que oferece ampla personalização e escalabilidade para grandes redes.

3. Ferramentas de análise de fluxo: As ferramentas de análise de fluxo recolhem e analisam dados de fluxo de rede para fornecer informações sobre padrões de tráfego e utilização. Os protocolos de fluxo comuns incluem NetFlow, sFlow e IPFIX. As ferramentas populares de análise de fluxo incluem:

• **Cisco NetFlow**: Um protocolo desenvolvido pela Cisco para recolher informações de tráfego IP e monitorizar o tráfego de rede.
• **nto png**: Uma sonda de tráfego de rede de código aberto que utiliza vários protocolos de fluxo para analisar o tráfego de rede.
• **SolarWinds NetFlow Traffic Analyzer**: Recolhe e analisa dados de fluxo para ajudar a identificar a utilização da largura de banda e os padrões de tráfego.

4. Sniffers de pacotes: Os sniffers de pacotes capturam e analisam pacotes de rede em tempo real, permitindo aos administradores resolver problemas e monitorizar o tráfego de rede a um nível granular. Os sniffers de pacotes comuns incluem:

• **Wireshark**: Um analisador de pacotes de código aberto amplamente utilizado que fornece informações detalhadas sobre o tráfego de rede.
• **tcpdump**: Um analisador de pacotes de linha de comando que permite aos utilizadores capturar e apresentar pacotes de rede.

5. Monitorização do desempenho das aplicações (APM): As ferramentas APM centram-se na monitorização do desempenho e da disponibilidade das aplicações em execução na rede. Fornecem informações sobre os tempos de resposta das aplicações, as taxas de erro e as experiências dos utilizadores. As ferramentas populares de APM incluem:

• **Dynatrace**: Oferece monitoramento e análise orientados por IA para aplicativos, infraestrutura e experiências do usuário.
• **New Relic**: fornece monitorização abrangente para aplicações, infra-estruturas e experiências digitais.

• **AppDynamics**: Fornece monitorização e análise de ponta a ponta para aplicações e desempenho empresarial.

6. Ferramentas de monitoramento da nuvem: Com a crescente adoção de serviços em nuvem, a monitorização da infraestrutura e das aplicações em nuvem tornou-se essencial. As ferramentas de monitorização da nuvem dão visibilidade aos ambientes de nuvem e ajudam a garantir um desempenho ótimo. [13] As ferramentas populares de monitorização da nuvem incluem:

• **Amazon CloudWatch**: Fornece monitorização e observabilidade para recursos e aplicações AWS.
• **Microsoft Azure Monitor**: Oferece monitorização e análise para serviços e aplicações do Azure.
• **Conjunto de operações do Google Cloud**: Fornece monitorização, registo e diagnóstico para ambientes Google Cloud.

Melhores práticas de monitorização de redes:

• **Definir objectivos de monitorização**: Definir claramente que aspectos da rede precisam de ser monitorizados e que métricas são importantes para o desempenho e a saúde.
• **Implementar monitorização redundante**: Utilize várias ferramentas e técnicas de monitorização para garantir uma cobertura abrangente e evitar pontos únicos de falha.
• **Definir limites e alertas**: Estabeleça limites para métricas críticas e configure alertas para notificar os administradores sobre possíveis problemas.
• **Rever e atualizar regularmente as configurações de monitorização**: Rever e atualizar continuamente as configurações de monitorização para se adaptar às alterações na rede e garantir uma recolha de dados precisa.

• **Analisar e atuar com base nos dados de monitorização**: Analisar regularmente os dados de monitorização para identificar tendências, detetar anomalias e tomar medidas proactivas para evitar problemas.

Resolução de problemas

A resolução de problemas de rede envolve o diagnóstico e a resolução de problemas que afectam o desempenho, a fiabilidade ou a segurança da rede. A resolução eficaz de problemas requer uma abordagem sistemática, utilizando várias ferramentas e técnicas para identificar a causa raiz dos problemas.

Problemas comuns de rede:

• **Problemas de conetividade**: Problemas que impedem os dispositivos de comunicar entre si ou de aceder aos recursos da rede.
• **Degradação do desempenho**: Desempenho lento da rede, latência elevada ou

congestionamento da largura de banda.

• **Erros de configuração**: Dispositivos, serviços ou protocolos de rede mal configurados.

• **Falhas de hardware**: Mau funcionamento do hardware de rede, como routers, switches ou cabos.

• **Incidentes de segurança**: Acesso não autorizado, infecções por malware ou outras violações de segurança.

Passos para a resolução de problemas: 1. Identificar o problema:

• **Recolher informações**: Recolher informações sobre os sintomas, os dispositivos afectados e quaisquer alterações recentes na rede.

• **Definir o escopo**: Determine a extensão do problema, se ele está afetando um único dispositivo, um segmento da rede ou toda a rede.

2. Analisar os sintomas:

• **Examinar registos**: Reveja os registos dos dispositivos de rede, servidores e ferramentas de monitorização para identificar quaisquer erros ou actividades invulgares.

• **Usar ferramentas de diagnóstico**: Utilize ferramentas como ping, traceroute e analisadores de pacotes para obter mais informações sobre o problema.

3. Formular uma hipótese:

• **Desenvolver possíveis causas**: Com base nos sintomas e nas informações recolhidas, faça uma lista das possíveis causas do problema.

• **Priorizar hipóteses**: Classifique as possíveis causas com base na probabilidade e no impacto, concentrando-se primeiro nas explicações mais prováveis.

4. Testar a hipótese:

• **Isolar o problema**: Realize testes para isolar o problema, como testar a conetividade entre dispositivos específicos ou segmentos da rede.

• **Implementar alterações**: Efetuar as alterações necessárias às configurações, definições ou hardware para testar a hipótese.

5. Implementar uma solução:

• **Aplicar correcções**: Uma vez identificada a causa principal, implemente a solução adequada para resolver o problema.

• **Monitorizar o resultado**: Monitorizar continuamente a rede para garantir que o problema é resolvido e que não surgem novos problemas.

6. Documentar o incidente:

• **Registar detalhes**: Documentar os sintomas, o processo de diagnóstico, a causa principal e a solução para referência futura.
• **Atualizar os procedimentos**: Atualizar a documentação, os procedimentos e as configurações da rede com base nas lições aprendidas com o incidente.

Ferramentas e técnicas de resolução de problemas: 1. Ping e Traceroute:

• **Ping**: Uma ferramenta de diagnóstico básica que testa a conetividade entre dispositivos enviando pacotes de pedido de eco ICMP e medindo o tempo de resposta.
• **Traceroute**: Mapeia a rota percorrida pelos pacotes através da rede, identificando cada salto e medindo a latência.

2. Analisadores de pacotes:

• **Wireshark**: Captura e analisa pacotes de rede para diagnosticar problemas no nível do pacote.
• **tcpdump**: Um analisador de pacotes de linha de comando para capturar e analisar o tráfego de rede.

3. Sistemas de gestão de redes (NMS):

• **SolarWinds Network Performance Monitor**: Fornece monitorização, diagnóstico e alertas abrangentes para problemas de desempenho da rede.
• **Nagios**: Um sistema de monitorização de código aberto que oferece capacidades alargadas de resolução de problemas e de alerta.

4. Ferramentas de gestão da configuração:

• **Ansible**: Automatiza a gestão da configuração da rede, permitindo aos administradores implementar e gerir configurações de forma consistente.
• **Puppet**: Fornece capacidades de infraestrutura como código (IaC) para gerir configurações de rede e garantir a conformidade.

5. Ferramentas de análise de registo:

• **Splunk**: Recolhe, indexa e analisa dados de registo de várias fontes para identificar e resolver problemas de rede.
• **Graylog**: Uma plataforma de gestão de registos de código aberto que fornece análise e alertas de registos em tempo real.

Melhores práticas para a resolução de problemas:

• **Mantenha-se calmo e metódico**: Abordar a resolução de problemas de forma sistemática, evitando conclusões precipitadas ou alterações que possam agravar o problema.
• **Comunicar de forma clara**: Manter as partes interessadas informadas sobre o progresso e o estado dos esforços de resolução de problemas[14].
• **Priorizar problemas críticos**: Concentre-se na resolução dos problemas que têm o impacto mais significativo no desempenho ou na segurança da rede.
• **Manter uma documentação exacta**: Documentar todos os passos dados durante a resolução de problemas para servir de referência para futuros incidentes.
• **Aprenda com os incidentes**: Utilize cada experiência de resolução de problemas como uma oportunidade para melhorar as práticas de gestão da rede e evitar problemas futuros.

Otimização do desempenho

A otimização do desempenho da rede implica a implementação de medidas para melhorar a eficiência, a velocidade e a fiabilidade da rede. Isto inclui técnicas como o balanceamento de carga, a qualidade do serviço (QoS) e a gestão do tráfego de rede.

Principais objectivos da otimização do desempenho:

• **Maximizar a utilização da largura de banda**: Assegurar que a largura de banda disponível é utilizada de forma eficiente para suportar o tráfego de rede.
• **Minimizar a latência**: Reduzir os atrasos na transmissão de dados para melhorar a capacidade de resposta.

• **Aumentar a fiabilidade**: Assegurar um desempenho de rede consistente e fiável, mesmo durante os picos de utilização ou em caso de falhas.
• **Priorizar o tráfego crítico**: Assegurar que as aplicações e serviços importantes recebem a largura de banda e os recursos necessários.

Técnicas de otimização do desempenho: 1. Balanceamento de carga: O balanceamento de carga distribui o tráfego de rede entre vários servidores ou caminhos de rede para evitar que um único dispositivo ou caminho fique sobrecarregado. Isso melhora o desempenho, a confiabilidade e a escalabilidade. As técnicas comuns de balanceamento de carga incluem:

• **Round-Robin**: Distribui o tráfego uniformemente pelos servidores ou caminhos disponíveis de forma cíclica.
• **Menos conexões**: Direcciona o tráfego para o servidor ou caminho com o menor número de ligações activas.
• **Hash de IP**: Utiliza o endereço IP do cliente para determinar o servidor ou o caminho para o tráfego.

2. Qualidade de serviço (QoS): Os mecanismos de QoS dão prioridade ao tráfego de rede com base em políticas predefinidas para garantir que as aplicações e serviços críticos recebem a largura de banda e os recursos necessários. As principais técnicas de QoS incluem:

• **Classificação de tráfego**: Categoriza o tráfego de rede com base em parâmetros como endereços IP de origem/destino, números de porta e protocolos.

• **Modelação do tráfego**: Controla a taxa do fluxo de tráfego para garantir que está em conformidade com os limites especificados, evitando o congestionamento.

• **Priorização de tráfego**: Atribui diferentes níveis de prioridade a diferentes tipos de tráfego, garantindo que o tráfego de alta prioridade seja transmitido primeiro.

3. Gestão do tráfego de rede: A gestão do tráfego de rede envolve técnicas para controlar e otimizar o fluxo de dados na rede. As estratégias comuns de gestão de tráfego incluem:

• **Gestão da largura de banda**: Atribui a largura de banda disponível a diferentes aplicações, utilizadores ou serviços com base nos seus requisitos.

• **Compressão**: Reduz o tamanho dos pacotes de dados para minimizar a utilização da largura de banda e melhorar a velocidade de transmissão.

• **Armazenamento em cache**: Armazena localmente os dados frequentemente acedidos para reduzir a necessidade de transferências repetidas de dados através da rede.

4. Segmentação da rede: A segmentação da rede em segmentos mais pequenos e isolados pode melhorar o desempenho, reduzindo o tráfego de difusão e limitando o impacto dos problemas locais. As técnicas de segmentação de rede incluem:

• **LANs virtuais (VLANs)**: Criar redes logicamente separadas dentro da mesma infraestrutura física.

• **Sub-redes**: Dividir uma rede maior em sub-redes mais pequenas, cada uma com o seu próprio intervalo de endereços IP.

5. Atualização da infraestrutura de rede: A atualização do hardware e da infraestrutura de rede pode melhorar significativamente o desempenho. As considerações para a atualização incluem:

• **Ligações de maior largura de banda**: Atualização para ligações de maior largura de banda (por exemplo, de 1 Gbps para 10 Gbps) para suportar o aumento do tráfego.

• **Switches e routers avançados**: Implementar switches e routers avançados com funcionalidades e capacidades de desempenho melhoradas.

• **Cabos de fibra ótica**: Utilize cabos de fibra ótica para obter taxas de transferência de dados mais elevadas e menor latência em comparação com os cabos de cobre tradicionais.

6. Monitorização e análise: O monitoramento e a análise contínuos dos dados de desempenho da rede podem ajudar a identificar gargalos, tendências e áreas de melhoria. As ferramentas e técnicas para monitoramento e análise incluem:

• **Monitorização do desempenho da rede (NPM)**: Utilize as ferramentas NPM para acompanhar as métricas de desempenho, identificar problemas e otimizar as configurações de rede.

• **Análise de tráfego**: Analisar os padrões de tráfego e a utilização para identificar oportunidades de otimização.

• **Análise de dados históricos**: Reveja os dados históricos de desempenho para identificar tendências e tomar decisões informadas sobre actualizações e optimizações da rede.

Melhores práticas para otimização do desempenho:

• **Realizar avaliações regulares de desempenho**: Avaliar regularmente o desempenho da rede para identificar áreas de melhoria e garantir que as optimizações permanecem eficazes.

• **Implementar alterações incrementais**: Efetuar alterações incrementais às configurações e optimizações da rede, monitorizando o impacto de cada alteração antes de prosseguir.

• **Planear a escalabilidade**: Conceber as optimizações da rede tendo em conta o crescimento futuro, garantindo que a rede pode ser dimensionada para satisfazer as exigências crescentes[15].

• **Documentar as estratégias de otimização**: Manter uma documentação precisa das estratégias de otimização, configurações e alterações para fornecer uma referência para esforços futuros.

• **Mantenha-se informado sobre as novas tecnologias**: Mantenha-se atualizado sobre as tecnologias emergentes e as melhores práticas na otimização do desempenho da rede para melhorar continuamente o desempenho da rede.

Conclusão

A gestão eficaz da rede engloba a monitorização, a resolução de problemas e a otimização do desempenho. Ao empregar as ferramentas e técnicas corretas, os administradores de rede podem garantir que as redes operem de forma eficiente, confiável e segura. A monitorização contínua e a gestão proactiva são essenciais para manter a saúde da rede, resolver rapidamente os problemas e otimizar o desempenho. Como as redes continuam a evoluir e a crescer em complexidade, é crucial manter-se informado sobre as novas tecnologias e as melhores práticas. Ao implementar práticas de gestão de rede robustas, as organizações podem obter um desempenho de rede ideal, suportar operações comerciais críticas e fornecer uma experiência perfeita aos utilizadores.

CAPÍTULO 9
O FUTURO DAS REDES

Como a tecnologia continua a avançar, o futuro das redes está pronto para trazer mudanças e inovações significativas. Este capítulo explora as tendências, tecnologias e conceitos emergentes que estão a moldar o futuro das redes. Desde o desenvolvimento do 5G e além até o surgimento da rede definida por software (SDN) e da virtualização de funções de rede (NFV), o futuro das redes promete maior velocidade, eficiência e adaptabilidade. Este capítulo abordará esses avanços e suas implicações para a infraestrutura de rede, a segurança e o gerenciamento.

Tecnologias emergentes em redes

1. 5G e mais além

A tecnologia 5G representa um grande salto em frente na comunicação sem fios, oferecendo velocidades significativamente mais elevadas, menor latência e maior capacidade em comparação com as gerações anteriores. O desenvolvimento do 6G já está no horizonte, prometendo mudanças ainda mais revolucionárias.

Principais características do 5G:

• **Taxas de dados elevadas**: As redes 5G podem fornecer taxas de dados de até 10 Gbps, permitindo downloads mais rápidos e streaming mais suave.
• **Baixa latência**: Com uma latência tão baixa como 1 milissegundo, o 5G suporta aplicações em tempo real, como a realidade aumentada (AR), a realidade virtual (VR) e os veículos autónomos.
• **Conectividade maciça de dispositivos**: O 5G pode ligar até 1 milhão de dispositivos por quilómetro quadrado, facilitando o crescimento da Internet das Coisas (IoT).

Implicações do 5G e mais além:

• **Cidades inteligentes**: A 5G permitirá a implantação de infra-estruturas de cidades inteligentes, incluindo sistemas de transporte inteligentes, redes inteligentes e serviços públicos conectados.
• **Experiências móveis melhoradas**: Os utilizadores beneficiarão de uma Internet móvel mais rápida, de videoconferências sem descontinuidades e de experiências de jogo móveis melhoradas.
• **IoT industrial**: O 5G impulsionará a adoção da IoT em sectores como o fabrico, os cuidados de saúde e a agricultura, permitindo a monitorização e a automatização em tempo real.

2. Redes definidas por software (SDN)

A SDN é uma abordagem arquitetónica que separa o plano de controlo do plano de dados nos dispositivos de rede, permitindo uma gestão e programabilidade centralizadas.

Conceitos-chave de SDN:

• **Separação do plano de controlo e do plano de dados**: O plano de controlo, que toma decisões sobre para onde o tráfego é enviado, é dissociado do plano de dados, que encaminha o tráfego para o seu destino.
• **Controlo centralizado**: Um controlador SDN centralizado gerencia toda a rede, fornecendo uma visão global e permitindo um gerenciamento de tráfego mais eficiente.
• **Programabilidade**: A SDN permite que os administradores de rede configurem, gerenciem e otimizem a rede de forma programática usando aplicativos de software.

Benefícios da SDN:

• **Flexibilidade e agilidade**: A SDN permite a rápida implementação de novos serviços e aplicações, uma vez que as configurações de rede podem ser facilmente alteradas através de software.
• **Gestão de rede melhorada**: O controlo centralizado simplifica a gestão da rede e reduz a complexidade da gestão de grandes redes.
• **Economia de custos**: Ao utilizar hardware de base e reduzir a necessidade de equipamento de rede especializado, a SDN pode reduzir as despesas operacionais e de capital.

3. Virtualização da função de rede (NFV)

NFV é um conceito que envolve a virtualização de funções de rede que tradicionalmente são executadas em hardware dedicado, permitindo que sejam executadas em servidores e armazenamento padrão.

Principais componentes da NFV:

• **Funções de rede virtual (VNFs)**: Implementações de software de funções de rede, como firewalls, balanceadores de carga e roteadores.
• **Infraestrutura NFV (NFVI)**: Os recursos físicos e virtuais nos quais os VNFs são executados, incluindo servidores, armazenamento e rede.
• **Gestão e orquestração de NFV (MANO)**: Ferramentas e estruturas para gerir e orquestrar VNFs e NFVI.

Benefícios da NFV:
• **Escalabilidade e flexibilidade**: Os VNFs podem ser rapidamente aumentados ou reduzidos para atender às demandas em constante mudança, proporcionando maior flexibilidade em comparação com as soluções tradicionais baseadas em hardware.
• **Eficiência de custos**: A NFV reduz a necessidade de hardware especializado, levando a menores despesas de capital e custos operacionais.
• **Implantação rápida**: Novos serviços de rede podem ser implantados mais rapidamente, pois os VNFs podem ser provisionados e configurados por meio de software.

Conceitos avançados de rede

1. Redes baseadas em intenções (IBN)

A IBN é uma abordagem de rede avançada que utiliza a inteligência artificial (IA) e a aprendizagem automática (ML) para automatizar a gestão da rede com base em objectivos comerciais de alto nível.

Principais características do IBN:
• **Tradução de intenções**: Traduz as intenções comerciais em rede políticas e configurações de rede automaticamente.
• **Verificação contínua**: Monitoriza continuamente a rede para garantir que esta cumpre os objectivos especificados e faz os ajustes necessários.
• **Gestão proactiva**: Utiliza IA e ML para prever potenciais problemas e otimizar o desempenho da rede de forma proactiva.

Benefícios da IBN:

• **Gerenciamento de rede simplificado**: Reduz a complexidade da gestão de grandes redes, automatizando as tarefas de configuração e otimização.
• **Melhoria da fiabilidade da rede**: Verifica continuamente se a rede atende às intenções comerciais, reduzindo o risco de configurações incorretas e tempo de inatividade.
• **Segurança aprimorada**: Aplica automaticamente as políticas de segurança e detecta anomalias, melhorando a segurança geral da rede.

2. Computação de ponta

A computação periférica envolve o processamento de dados mais próximo da fonte de geração de dados, em vez de depender apenas de centros de dados centralizados na nuvem. Esta abordagem reduz a latência e melhora a eficiência do processamento de dados.

Conceitos-chave da computação periférica:

• **Dispositivos de borda**: Dispositivos como sensores IoT, gateways e servidores de borda que realizam o processamento de dados na borda da rede.
• **Processamento local**: Os dados são processados localmente em dispositivos de ponta, reduzindo a necessidade de enviar grandes volumes de dados para servidores de nuvem centralizados.
• **Insights em tempo real**: Fornece processamento e análise de dados em tempo real, permitindo uma tomada de decisões mais rápida.
Benefícios da computação periférica:

• **Latência reduzida**: Ao processar dados mais perto da fonte, a computação periférica minimiza a latência, suportando aplicações em tempo real.
• **Eficiência de largura de banda**: Reduz a quantidade de dados transmitidos para os servidores centrais da nuvem, conservando a largura de banda e reduzindo os custos.
• **Segurança reforçada**: Os dados podem ser processados e armazenados localmente, reduzindo o risco de violações de dados durante a transmissão.

3. Rede Quantum

As redes quânticas tiram partido dos princípios da mecânica quântica para criar redes de comunicação altamente seguras e eficientes.

Conceitos-chave das redes quânticas:

• **Emaranhamento Quântico**: Utiliza o fenómeno do emaranhamento para estabelecer ligações de comunicação instantâneas entre partículas, permitindo uma transmissão de dados mais rápida e segura.
• **Distribuição de chaves quânticas (QKD)**: Um método para trocar chaves criptográficas de forma segura utilizando a mecânica quântica, proporcionando uma encriptação teoricamente inquebrável.

Potenciais aplicações das redes quânticas:

• **Comunicação ultra-segura**: Fornece canais de comunicação altamente seguros para a transmissão de dados sensíveis, como nos sectores governamental e financeiro.
• **Internet Quântica**: Prevê uma rede global de computadores e dispositivos quânticos, permitindo novas aplicações e descobertas no domínio da computação e da comunicação.

Desafios das redes quânticas:

• **Complexidade técnica**: A construção e a manutenção de redes quânticas requerem tecnologias avançadas e conhecimentos especializados.
• **Custo**: O elevado custo do hardware e das infra-estruturas quânticas pode limitar a adoção

generalizada a curto prazo.

Implicações para a infraestrutura de rede

1. Convergência das redes

O futuro das redes assistirá à convergência de vários tipos de redes, incluindo com fios, sem fios e celulares, numa infraestrutura unificada. Esta convergência permitirá uma comunicação sem descontinuidades e a interoperabilidade entre diferentes dispositivos e tecnologias.

Benefícios da convergência de redes:

• **Gerenciamento unificado**: Simplifica a gestão da rede fornecendo uma única plataforma para gerir vários tipos de rede.
• **Desempenho melhorado**: Melhora o desempenho da rede, optimizando a atribuição de recursos e reduzindo os estrangulamentos.
• **Redução de custos**: Reduz a necessidade de infra-estruturas separadas para diferentes tipos de rede, levando a menores despesas operacionais e de capital.

2. Integração com a IoT

A integração de dispositivos IoT na rede continuará a crescer, permitindo novas aplicações e serviços em vários sectores.

Considerações fundamentais para a integração da IoT:
• **Escalabilidade**: As redes devem ser capazes de escalar para suportar o enorme número de dispositivos IoT e os dados que geram.
• **Segurança**: Garantir a segurança dos dispositivos IoT e dos dados que transmitem é fundamental para evitar o acesso não autorizado e as violações.
• **Interoperabilidade**: Os dispositivos IoT de diferentes fabricantes devem ser capazes de comunicar e trabalhar em conjunto sem problemas.

3. Automatização de rede melhorada

A automatização das redes desempenhará um papel significativo na gestão da crescente complexidade das redes do futuro. As ferramentas e estruturas de automatização permitirão uma gestão, configuração e otimização mais eficientes da rede.

Componentes-chave da automatização da rede:
• **Plataformas de automatização**: Plataformas de software que fornecem ferramentas para automatizar tarefas e processos de rede.

• **Integração de IA e ML**: Utilizar a IA e o ML para melhorar as capacidades de automatização, como a análise preditiva e a tomada de decisões inteligente.
• **Orquestração**: Coordenar e gerir fluxos de trabalho automatizados em diferentes componentes e serviços de rede.

Implicações para a segurança da rede
1. Deteção e resposta avançadas a ameaças
À medida que as redes se tornam mais complexas e interligadas, as capacidades avançadas de deteção e resposta a ameaças serão essenciais para proteger contra ciberameaças sofisticadas.

Tecnologias-chave para a deteção e resposta a ameaças:

• **IA e ML**: Tirar partido da IA e do ML para identificar padrões e anomalias que possam indicar ameaças à segurança.
• **Análise comportamental**: Analisar o comportamento do utilizador e do dispositivo para detetar desvios dos padrões normais que possam indicar uma violação.
• **Resposta automatizada**: Implementação de mecanismos de resposta automatizada para conter e atenuar rapidamente os incidentes de segurança.

2. Segurança Zero Trust
O modelo de segurança de confiança zero parte do princípio de que as ameaças podem existir tanto dentro como fora da rede e, por conseguinte, nenhuma entidade é de confiança por defeito. Este modelo exige uma verificação rigorosa e uma monitorização contínua de todos os dispositivos e utilizadores.

Princípios-chave da segurança de confiança zero:

• **Verificar todos os pedidos de acesso**: Verifique continuamente a identidade e a postura de segurança dos utilizadores e dispositivos antes de conceder o acesso.
• **Acesso com privilégios mínimos**: Conceder aos utilizadores e dispositivos o nível mínimo de acesso necessário para executarem as suas tarefas.
• **Micro-segmentação**: Dividir a rede em segmentos mais pequenos para limitar o movimento lateral das ameaças e conter as violações.

3. Encriptação de segurança quântica
À medida que a computação quântica avança, os métodos de encriptação tradicionais podem tornar-se vulneráveis a ataques quânticos. As técnicas de encriptação quântica segura serão essenciais para proteger os dados no futuro.

Conceitos-chave da cifragem de segurança quântica:

• **Criptografia pós-quântica**: Desenvolvimento de algoritmos criptográficos que sejam resistentes a ataques quânticos.
• **Distribuição de chaves quânticas (QKD)**: Utilização da mecânica quântica para trocar chaves criptográficas de forma segura, proporcionando um elevado nível de segurança.

Implicações para a gestão da rede

1. Gestão de redes baseada em IA

A gestão de redes baseada em IA permitirá uma gestão mais eficiente e proactiva de redes complexas. Os algoritmos de IA podem analisar grandes volumes de dados de rede para identificar problemas, otimizar o desempenho e prever tendências futuras.

Principais aplicações da IA na gestão de redes:

• **Manutenção preditiva**: Utilizar a IA para prever e evitar falhas na rede antes de estas ocorrerem.
• **Alocação dinâmica de recursos**: Ajustar automaticamente os recursos da rede com base na procura em tempo real e nos padrões de utilização.
• **Deteção de anomalias**: Identificação de atividade de rede invulgar que pode indicar ameaças à segurança ou problemas de desempenho.

2. Plataformas de gestão unificada de redes

As plataformas de gestão de redes unificadas fornecerão uma interface única para gerir diversos componentes de rede, incluindo redes com fios, sem fios e virtualizadas.

Vantagens das plataformas de gestão unificada:

• **Operações simplificadas**: Simplifica as tarefas de gestão da rede, fornecendo uma visão e um controlo centralizados.
• **Visibilidade melhorada**: Oferece visibilidade abrangente do desempenho, segurança e configuração da rede.
• **Automatização integrada**: Incorpora ferramentas de automatização para aumentar a eficiência e reduzir a intervenção manual.

3. Monitorização e análise contínuas A monitorização e a análise contínuas serão essenciais para manter a saúde e o desempenho da rede. As ferramentas de monitorização em tempo real e a análise avançada fornecerão informações sobre o comportamento da rede e ajudarão a identificar áreas de melhoria.

Principais componentes da monitorização contínua:

• **Monitorização do desempenho da rede (NPM)**: Ferramentas que monitorizam as principais métricas de desempenho, como a latência, a taxa de transferência e a perda de pacotes.
• **Gestão de informações e eventos de segurança (SIEM)**: Sistemas que recolhem e analisam dados relacionados com a segurança para detetar e responder a ameaças.
• **Análise do comportamento do utilizador e da entidade (UEBA)**: Analisar o comportamento dos utilizadores e dispositivos para identificar potenciais riscos de segurança.

Conclusão

O futuro das redes é caracterizado por rápidos avanços tecnológicos, maior complexidade e a necessidade de maior segurança e eficiência. Tecnologias emergentes, como 5G, SDN, NFV e redes quânticas, revolucionarão a forma como as redes são projetadas, gerenciadas e usadas. Conceitos avançados como redes baseadas em intenções, computação de ponta e gerenciamento orientado por IA permitirão redes mais ágeis, escaláveis e seguras.
À medida que as redes evoluem, as organizações devem manter-se informadas sobre estas tendências e tecnologias para se manterem competitivas e seguras. Ao adoptarem abordagens inovadoras e ao tirarem partido de ferramentas avançadas, os administradores de rede podem criar e manter redes que satisfaçam as exigências do futuro, suportando uma vasta gama de aplicações e serviços com elevado desempenho, fiabilidade e segurança.

REFERÊNCIAS

1) Kurose, J. F., & Ross, K. W. (2017). Redes de computadores: Uma abordagem top-down (7ª ed.). Pearson.

2) Stallings, W. (2013). Comunicações de dados e computadores (10ª ed.). Pearson.

3) Stevens, W. R. (1994). TCP/IP ilustrado, Volume 1: Os protocolos. Addison-Wesley.

4) West, J., Dean, T., & Andrews, J. (2018). Network + guia para redes (8ª ed.). Cengage Learning.

5) Bashir, I. (2018). Dominando o blockchain: Desbloqueando o poder das criptomoedas, contratos inteligentes e aplicativos descentralizados. Packt Publishing.

6) McKeown, N., Anderson, T., Balakrishnan, H., Parulkar, G., Peterson, L., Rexford, J., Turner, J. (2008). OpenFlow: Possibilitando a inovação em redes de campus. ACM SIGCOMM Computer Communication Review,38(2),69-74. https://doi.org/10.1145/1355734.1355746

7) Kreutz, D., Ramos, F. M. V., Verissimo, P. E., Rothenberg, C. E., Azodolmolky, S., & Uhlig, S. (2015). Redes definidas por software: A comprehensive survey. Actas do IEEE, 103(1), 14-76. https://doi.org/10.1109/JPROC.2014.2371999

8) Raza, M. T., & Rak, J. (2019). Virtualização da função de rede: Estado da arte e desafios de pesquisa. IEEE Communications Surveys & Tutorials, 21(1), 325-346. https://doi.org/10.1109/COMST.2018.2842438

9) Liu, X., Tong, X., & Mao, S. (2016). Rede orientada para a intenção: Definition and challenges. IEEE Network, 30(3), 2-7. https://doi.org/10.1109/MNET.2016.7477849

10) Taylor, S., Baguley, R., & Taylor, S. (2017). A Internet das coisas: Connectivity and interoperability.IEEE Communications Standards Magazine,1(1),62-66. https://doi.org/10.1109/MCOMSTD.2017.1600095

11) Redes de Computadores: A Top-Down Approach" de James F. Kurose e Keith W. Ross

12) "Data and Computer Communications" de William Stallings

13) "TCP/IP Ilustrado, Volume 1: Os Protocolos" por W. Richard Stevens

14) "Network+ Guide to Networks" de Jill West, Tamara Dean e Jean Andrews

15) "Mastering Blockchain: Unlocking the Power of Cryptocurrencies, Smart Contracts, and Decentralized Applications" de Imran Bashir.

yes
I want morebooks!

Buy your books fast and straightforward online - at one of world's fastest growing online book stores! Environmentally sound due to Print-on-Demand technologies.

Buy your books online at
www.morebooks.shop

Compre os seus livros mais rápido e diretamente na internet, em uma das livrarias on-line com o maior crescimento no mundo! Produção que protege o meio ambiente através das tecnologias de impressão sob demanda.

Compre os seus livros on-line em
www.morebooks.shop

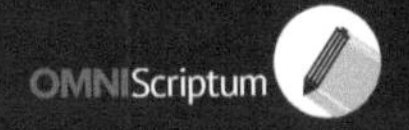

Printed by Books on Demand GmbH, Norderstedt / Germany